LIBRI I FUNDIT KINZ TË GATIMEVE TË PËRGATITJES

100 receta për lotim të gojës me imazhe me ngjyra të bukura për t'ju ndihmuar të përsërisni pjatat tuaja të preferuara kineze në shtëpi

Shkurta Nikolli

Materiali për të drejtat e autorit ©2023

Të gjitha të drejtat e rezervuara

Pa pëlqimin e duhur me shkrim të botuesit dhe pronarit të së drejtës së autorit, ky libër nuk mund të përdoret ose shpërndahet në asnjë mënyrë, formë ose formë, përveç citimeve të shkurtra të përdorura në një përmbledhje. Ky libër nuk duhet të konsiderohet si zëvendësim i këshillave mjekësore, ligjore ose të tjera profesionale.

TABELA E PËRMBAJTJES

TABELA E PËRMBAJTJES	**3**
PREZANTIMI	**6**
1. Pulë e ëmbël dhe e thartë	7
2. Ëmbëlsira me qepë jeshile	9
3. Pulë Kung Pao	11
4. Kineze e këmbimit	13
5. Oriz i skuqur me pulë kineze	15
6. Karkaleca Szechwan	17
7. Mish viçi dhe brokoli në stil restoranti	19
8. Pulë e përgjithshme	21
9. Sallatë aziatike me pulë	24
10. Biftek me piper kinez	26
11. Pulë aziatike e pjekur në skarë	28
12. Supë me pika veze	30
13. Cookies Fortune	32
14. Perime Lo Mein	34
15. Pulë me limon	37
16. Gaforrja Rangun	39
17. Bizele dëbore të skuqura	41
18. Spinaq i skuqur me hudhër dhe salcë soje	43
19. Lakra Napa e skuqur me erëza	45
20. Marule e skuqur me salcë perle	47
21. Brokoli i skuqur dhe kërcell bambuje	49
22. Fasule me fije të thata	51
23. Stir-Fried Bok Choy and Mushrooms	53
24. Përzierje perimesh të skuqura	55
25. Kënaqësia e Budës	57
26. Tofu e stilit Hunan	60
27. Ma Po Tofu	63
28. Gjizë fasule në avull në një salcë të thjeshtë	66
29. Asparagus susam	68
30. Patëllxhan dhe tofu në salcën e hudhrës	70
31. Brokoli kinez me salcë perle	73
32. Karkaleca me kripë dhe piper	75
33. Karkaleca e dehur	77
34. Karkalecat e skuqura në stilin shangain	79
35. Karkalecat e arrës	81
36. Fiston kadife	84

37. Ushqim deti dhe veggie Stir-Fry me petë	86
38. Peshk i plotë i zier në avull me xhenxhefil dhe qepë	89
39. Peshku i skuqur me xhenxhefil dhe bok Choy	92
40. Midhjet në salcën e fasules së zezë	94
41. Gaforrja e kokosit	96
42. Kallamar piper i zi i skuqur thellë	98
43. Perle të skuqura thellë me konfeti djegës-hudhër	100
44. Pulë Kung Pao	103
45. Pulë me brokoli	105
46. Pulë me lëkurë mandarine	107
47. Pulë shqeme	110
48. Pulë kadife dhe bizele bore	113
49. Pulë dhe perime me salcë fasule të zezë	116
50. Pulë me fasule jeshile	119
51. Pulë në salcën e susamit	122
52. Pulë e ëmbël dhe e thartë	125
53. Moo Goo Gai Pan	128
54. Egg Foo Yong	131
55. Domate Vezë Stir-Fry	134
56. Karkaleca dhe vezë të fërguara	136
57. Krem me vezë të shijshme me avull	139
58. Krahë pule të skuqura kineze	141
59. Pulë tajlandeze borzilok	143
60. Barku i derrit të pjekur	145
61. Stir-Fry domate dhe viçi	147
62. Mish viçi dhe brokoli	150
63. Piper i zi Mish Stir-Fry	152
64. Mish viçi i susamit	155
65. Viçi mongol	158
66. Mish viçi Sichuan me selino dhe karrota	161
67. Kupat e marules së viçit Hoisin	164
68. Copat e derrit të skuqura me qepë	166
69. Pesë Spice Mish derri me Bok Choy	169
70. Hoisin Pork Stir-Fry	171
71. Bark derri i gatuar dy herë	173
72. Mu Shu Derri me Pancakes Skillet	176
73. Këmbë derri me salcë fasule të zezë	179
74. Qengji mongolisht i skuqur	181
75. Qengj me erëza qimnon	184
76. Qengj me xhenxhefil dhe presh	187

77. Mish borziloku tajlandez — 190
78. Mish derri BBQ kinez — 192
79. Simite derri BBQ në avull — 195
80. Bark derri i pjekur kantonez — 198
81. Supë me petë me kerri kokosi — 201
82. Supë pikante me petë viçi — 203
83. Supë me pika me vezë të verdhë — 206
84. Supë e thjeshtë wonton — 208
85. Supë me pika veze — 211
86. Oriz i skuqur me vezë — 213
87. Oriz klasik i skuqur derri — 216
88. Petë e dehur — 218
89. Sichuan dan dan petë — 221
90. Supë e nxehtë dhe e thartë — 224
91. Derri Congee — 227
92. Oriz i skuqur me karkaleca, vezë dhe qepë — 229
93. Oriz i skuqur me troftë të tymosur — 232
94. Rajs i skuqur me spam — 234
95. Oriz me avull me Lap Cheung dhe Bok Choy — 237
96. Supë me petë viçi — 240
97. Petë me hudhër — 243
98. Petë Singapori — 245
99. Petë qelqi me lakër Napa — 248
100. Petë Hakka — 251

PËRFUNDIM — 254

PREZANTIMI

Ushqimi kinez me bar është një zgjedhje popullore për një vakt të lehtë që mund të dërgohet në shtëpinë tuaj.

Takeout në Shtëpi është një libër gatimi gjithëpërfshirës kinez që ofron receta autentike dhe të thjeshta për t'u ndjekur për pjatat tuaja të preferuara kineze. Pavarësisht nëse jeni adhurues i kuzhinës pikante Szechuan ose dëshironi shijet e shijshme të pjatave kantoneze, ky libër gatimi i ka të gjitha.

Në këtë libër gatimi, do të gjeni 100 receta të shijshme për një shumëllojshmëri pjatash kineze, duke përfshirë meze, ushqime, supa dhe ëmbëlsira. Çdo recetë është e lehtë për t'u ndjekur dhe përfshin udhëzime të hollësishme, si dhe informacione rreth përbërësve të përdorur dhe rëndësisë së tyre kulturore në kuzhinën kineze.

Për ta bërë përvojën tuaj të gatimit edhe më të këndshme, secila nga 100 recetat vjen me një imazh me ngjyra të bukura. Ka 100 fotografi me ngjyra (një për secilën recetë), që ju ndihmojnë të përsërisni me lehtësi pjatat tuaja të preferuara kineze në shtëpi. Pavarësisht nëse jeni i ri në gatimin kinez ose një kuzhinier me përvojë, Takeout në Shtëpi është libri i përsosur i gatimit për ju. Me recetat e tij autentike dhe udhëzimet e thjeshta për t'u ndjekur, ju mund të shijoni pjatat tuaja të preferuara kineze nga komoditeti i shtëpisë tuaj

Po sikur të mund të bëni ushqime të njëjta ose më cilësore me një fraksion të kostos duke njohur secilin përbërës në ushqimin tuaj pa sakrifikuar shijen? Kjo tingëllon si një kombinim fitues dhe ky libër me receta Kineze Take Out përmbush këtë premtim!

1. Pulë e ëmbël dhe e thartë

Bën: 8

PËRBËRËSIT:
- 1 (8 ons) kanaçe copa ananasi, të kulluara (lëng i rezervuar)
- ¼ filxhan niseshte misri
- 1¾ gota ujë, të ndarë
- ¾ filxhan sheqer të bardhë
- ½ filxhan uthull të bardhë të distiluar
- 2 pika ngjyrë ushqimore portokalli
- 8 Gjysma gjoksi pule pa lëkurë, pa kocka, në kubikë
- 2 ¼ gota miell që ngrihet vetë
- 2 lugë vaj vegjetal
- 2 lugë niseshte misri
- ½ lugë çaji kripë
- ¼ lugë çaji piper i bardhë i bluar
- 1 vezë
- 1 ½ filxhan Ujë
- 1 litër vaj vegjetal për tiganisje
- 2 Piper zile jeshile, të prerë në copa 1 inç

UDHËZIME:
a) Në një tigan shtoni 1 ½ filxhan ujë me uthull, lëng ananasi, sheqer dhe ngjyrë ushqimore portokalli. Lëreni të gatuhet derisa të ziejë nga zjarri.

b) Tani kombinoni ¼ filxhan niseshte misri me ¼ filxhan ujë dhe hidheni në tigan duke e përzier vazhdimisht. Vendoseni mënjanë.

c) Në një enë shtoni miellin, 2 lugë niseshte misri, vezën, 2 lugë vaj, kripë ujin dhe piper të bardhë. Përziejini mirë.

d) Tani shtoni copa pule në këtë brumë dhe përzieni.

e) Ngrohni vajin në tigan dhe shtoni copat e pulës, skuqini derisa të marrin ngjyrë të bukur.

f) Transferoni në pjatën e servirjes me piper zile dhe copë ananasi dhe sipër me salcë të nxehtë.

2. Ëmbëlsira me qepë jeshile

Bën: 8

PËRBËRËSIT:
- 3 gota miell buke
- 1 ¼ filxhan ujë të valë
- 2 lugë vaj vegjetal
- Kripë dhe piper për shije
- 1 tufë qepë të njoma, të grira imët
- 2 lugë çaji vaj vegjetal

UDHËZIME:
a) Në një enë shtoni miellin dhe ujin, gatuajeni brumin dhe mbulojeni me një fletë plastike. Lëreni për 30 minuta.

b) Ndani brumin në 16 pjesë të barabarta dhe hapeni secilën në një fletë të trashë ¼ inç.

c) Lyejeni me vaj dhe rregulloni me kripë dhe piper.

d) Shtoni 1 lugë gjelle qepë të gjelbër dhe rrotullojeni në stil puro.

e) Hapeni përsëri në fletë ¼ inç.

f) Ngrohni vajin në tigan dhe skuqni çdo kek deri sa të marrë ngjyrë të artë nga të dyja anët.

g) Shërbejeni dhe shijoni.

3. Pulë Kung Pao

Bën: 4

PËRBËRËSIT:
- 1 kile gjysma të gjoksit të pulës pa lëkurë, pa kocka, në kubikë
- 2 lugë verë e bardhë
- 2 lugë salcë soje
- 2 lugë vaj susami, të ndara
- 2 lugë gjelle niseshte misri, të tretur në 2 lugë gjelle ujë
- Pastë e nxehtë e Kilit 1 ons
- 1 lugë çaji uthull të bardhë të distiluar
- 2 lugë çaji sheqer kaf
- 4 Qepë të njoma, të grira
- 1 lugë gjelle hudhër të copëtuar
- 1 (8 ons) mund të ujit gështenja
- 4 ons kikirikë të copëtuar

UDHËZIME:
a) Në një enë shtoni 1 lugë salcë soje, vaj, 1 lugë verë, niseshte misri dhe përziejini mirë.
b) Shtoni copat e pulës dhe përzieni që të bashkohen.
c) Mbulojeni dhe vendoseni në frigorifer për 30 minuta.
d) Në një tenxhere shtoni 1 lugë gjelle verë, vaj, 1 lugë salcë soje, niseshte misri, qepë, gështenja uji, kikirikë dhe hudhër. Gatuani për 5-10 minuta.
e) Në një tigan të veçantë shtoni pulën dhe skuqeni për 10-15 minuta dhe më pas kaloni në salcë.
f) Gatuani për 10-15 minuta dhe më pas fikni zjarrin.

4. Kineze këmbimi

Bën: 2

PËRBËRËSIT:
- 3 lugë salcë hoisin
- 1 lugë gjelle ketchup
- 1 luge mjalte
- 1 lugë gjelle salcë soje
- 1 lugë gjelle Sake
- 1 lugë çaji uthull orizi
- 1 lugë çaji lëng limoni
- 1 lugë çaji xhenxhefil i freskët i grirë
- ½ lugë çaji hudhër të freskët të grirë
- ¼ lugë çaji pluhur kinez me pesë erëza
- 1 paund brinjë rezervë derri

UDHËZIME:

a) Në një tas shtoni mjaltë, ketchup, salcë soje, salcë hoisin, sake, lëng limoni, uthull orizi, xhenxhefil, pluhur pesë erëza dhe hudhër. Hidheni për t'u kombinuar.

b) Shtoni brinjë në këtë përzierje dhe përziejeni që të mbulohet mirë. Vendoseni në frigorifer për 2-3 orë.

c) Ngroheni furrën në 325 gradë.

d) Shtoni ujë në tabakën e pulave në mënyrë që fundi të mbulohet. Vendoseni raftin në provë dhe transferoni brinjë në këtë raft.

e) Transferoni raftin në furrë.

f) Lëreni të gatuhet për 40 minuta derisa të marrë ngjyrë kafe të artë.

g) Shërbejeni të nxehtë dhe shijojeni.

5. Oriz i skuqur me pulë kineze

Bën: 4

PËRBËRËSIT:
- 1 vezë
- 1 luge uje
- 1 lugë gjelle gjalpë
- 1 lugë gjelle vaj vegjetal
- 1 qepë, e grirë
- 2 filxhanë oriz të bardhë të zier, të ftohtë
- 2 lugë salcë soje
- 1 lugë çaji piper i zi i bluar
- 1 filxhan mish pule të gatuar, të copëtuar

UDHËZIME:
a) Merrni një enë, shtoni ujë dhe vezë, rrihni mirë.
b) Shkrijmë gjalpin në tigan, shtoni përzierjen e vezëve dhe gatuajeni për 1-2 minuta. Pritini në copa pasi ta hiqni nga zjarri.
c) Merrni një tenxhere dhe ngrohni vajin, skuqni qepën për 1-2 minuta.
d) Shtoni pulën, salcën e sojës, piper dhe skuqeni për 5 minuta.
e) Tani shtoni vezën e gatuar dhe orizin e gatuar, përzieni plotësisht dhe fikni zjarrin.
f) Shërbejeni.

6. Karkaleca Szechwan

Bën: 4

PËRBËRËSIT:
- 4 Lugë Ujë
- 2 lugë ketchup
- 1 lugë gjelle salcë soje
- 2 lugë çaji niseshte misri
- 1 lugë çaji mjaltë
- ½ lugë çaji piper i kuq i grimcuar
- ¼ lugë çaji xhenxhefil të bluar
- 1 lugë gjelle vaj vegjetal
- ¼ filxhan qepë jeshile të prera në feta
- 4 thelpinj hudhër, të grira
- 12 ons karkaleca të gatuara, bishtat e hequr

UDHËZIME:
a) Merrni një enë dhe kombinoni ketchup, ujin, salcën e sojës, specin zile, mjaltin, xhenxhefilin dhe niseshte misri. Vendoseni mënjanë.

b) Ngrohim vajin në tigan dhe kaurdisim qepën me hudhrën për 1-2 minuta.

c) Tani shtoni karkalecat dhe skuqini për 5 minuta.

d) Hidhni në salcë dhe përzieni plotësisht.

e) Gatuani për 10-15 minuta në zjarr mesatar ose derisa salca të bëhet me flluska.

7. Mish viçi dhe brokoli në stilin e restorantit

Bën: 4

PËRBËRËSIT:
- ⅓ filxhan salcë perle
- 2 lugë çaji vaj susami aziatik (i pjekur).
- ⅓ filxhan Sheri
- 1 lugë çaji salcë soje
- 1 lugë çaji sheqer të bardhë
- 1 lugë çaji niseshte misri¾ paund biftek viçi i rrumbullakët, i prerë në shirita të trashë ⅛-inç
- 3 lugë vaj vegjetal, plus më shumë nëse është e nevojshme
- 1 fetë e hollë me rrënjë të freskët xhenxhefili
- 1 thelpi hudhër, e qëruar dhe e grirë
- 1 kile brokoli, i prerë në lule

UDHËZIME:
a) Në një enë mesatare shtoni vajin e susamit, sheqerin, salcën e sojës, niseshtenë e misrit, salcën e gocave dhe sherin, i përzieni mirë.

b) Shtoni copa bifteku dhe fërkojeni përzierjen mbi biftekë me duar të pastra. Vendoseni në frigorifer për 30 minuta.

c) Ngrohni vajin në tigan dhe skuqni hudhrën me xhenxhefil për 1-2 minuta.

d) Hiqni hudhrën e xhenxhefilit dhe shtoni brokolin dhe skuqeni për 6-7 minuta. Transferoni në pjatë dhe vendoseni mënjanë.

e) Tani në të njëjtën tenxhere shtoni biftekët dhe lërini të zihen derisa të zbuten.

f) Transferoni brokolin e skuqur dhe gatuajeni për 4-5 minuta.

g) Shërbejeni dhe shijoni.

8. Pulë e përgjithshme

Bën: 6

PËRBËRËSIT:
- 4 gota vaj vegjetal për tiganisje
- 1 vezë
- 1 ½ Paund Kofshë pule pa kocka, pa lëkurë, të prera në kubikë
- 1 lugë çaji kripë
- 1 lugë çaji sheqer të bardhë
- 1 Majë piper të bardhë
- 1 filxhan niseshte misri
- 2 lugë vaj vegjetal
- 3 lugë qepë të gjelbër të copëtuar
- 1 thelpi hudhër, e grirë
- 6 speca djegës të kuq të thatë të plotë
- 1 Lëkurë portokalli me rrip
- ½ filxhan sheqer të bardhë
- ¼ lugë çaji xhenxhefil të bluar
- 3 lugë lëng pule
- 1 luge uthull orizi
- ¼ filxhan salcë soje
- 2 lugë çaji vaj susami
- 2 lugë vaj kikiriku
- 2 lugë çaji niseshte misri
- ¼ filxhan ujë

UDHËZIME:

a) Në një enë shtoni vezët, kripën, piperin e bardhë, 1 filxhan niseshte misri, sheqerin dhe i rrahim mirë.

b) Shtoni kube pule, përzieni plotësisht.

c) Ngrohni 3 gota vaj vegjetal në tigan dhe shtoni kubikë pule dhe lëreni të ziejë deri në kafe të artë.

d) Më pas transferojeni në peshqir letre dhe kullojeni vajin e tepërt.

e) Në tenxhere ngrohni 2 lugë vaj vegjetal dhe kaurdisni qepën, lëkurën e portokallit, specin djegës dhe hudhrën për 1-2 minuta.

f) Tani shtoni lëngun e pulës, 1,2 filxhan sheqer, uthullën, vajin e susamit, xhenxhefilin, salcën e sojës dhe vajin e kikirikut. Lëreni të ziejë për 3 minuta.

g) Në ujë shtoni 2 lugë niseshte misri, përzieni mirë dhe derdhni në tenxhere duke e përzier vazhdimisht. Gatuani për 1-2 minuta.

h) Tani shtoni pulën dhe lëreni të gatuhet derisa salca të trashet.

i) Shërbejeni dhe shijoni.

9. Sallatë aziatike me pulë

Bën: 6

PËRBËRËSIT:
- 2 lugë sheqer kafe
- 2 lugë çaji salcë soje
- 1 lugë gjelle vaj susami (opsionale)
- ¼ filxhan vaj vegjetal
- 3 lugë uthull orizi
- 1 (8 ons) paketë Petë me oriz të thata
- 1 kokë marule Iceberg - e shpëlarë, e tharë dhe e copëtuar
- 4 gjysma gjoksi pule pa kocka, të gatuara dhe të copëtuara
- 3 Qepë të njoma, të copëtuara
- 1 lugë fara susami, të thekura

UDHËZIME:
a) Merrni një tas dhe shtoni salcën e sojës, sheqerin kaf, vajin e sallatës, vajin e susamit, uthullën e orizit, përzieni mirë dhe lëreni mënjanë për 30 minuta.
b) Në një tenxhere shtoni disa pika vaj me petë dhe skuqeni mirë. Gatuani mirë kur të ngrihet.
c) Në një tas shtoni pulën e grirë, farat e susamit të marules ajsberg dhe qepën e gjelbër, i hidhni të bashkohen. Vendoseni në frigorifer për 10 minuta.
d) Shtoni petët e gatuara dhe përziejini mirë.
e) Hidhni dressing mbi sallatë dhe shërbejeni.

10. Biftek me piper kinez

Bën: 4

PËRBËRËSIT:
- 1 Paund Biftek Sirloin Sipër Mish Mish, Pritini në Feta 1 Inç.
- ¼ filxhan salcë soje
- 2 lugë sheqer të bardhë
- 2 lugë niseshte misri
- ½ lugë çaji xhenxhefil të bluar
- 3 lugë vaj vegjetal, të ndara
- 1 qepë e kuqe, e prerë në katrorë 1 inç
- 1 piper zile jeshile, i prerë në katrorë 1 inç
- 2 domate, të prera në copa

UDHËZIME:
a) Në një tas shtoni niseshte misri, xhenxhefil, salcën e sojës dhe sheqerin, i hidhni të bashkohen.
b) Shtoni biftekët dhe përziejini tërësisht.
c) Ngrohni 1 lugë vaj në tenxhere dhe skuqni biftekët në vaj të nxehtë derisa të marrin një ngjyrë kafe të mirë.
d) Shtoni qepën dhe lëreni të zihet derisa qepa të zbutet.
e) Hidhni piper jeshil dhe përzieni mirë.
f) Kur speci të fillojë të ndryshojë ngjyrë, shtoni domatet dhe përzieni mirë.
g) Gatuani për 3-4 minuta dhe më pas kaloni në enën për servirje.
h) Kënaquni.

11. Pulë aziatike e pjekur në skarë

Bën: 4

PËRBËRËSIT:
- ¼ filxhan salcë soje
- 4 lugë çaji vaj susami
- 2 lugë mjaltë
- 3 feta rrënjë xhenxhefili të freskët
- 2 thelpinj hudhër, të shtypura
- 4 Gjysma të gjoksit të pulës pa lëkurë, pa kocka

UDHËZIME:
a) Në një enë shtoni mjaltin, salcën e sojës, vajin, xhenxhefilin dhe hudhrën, përziejini mirë. Tas duhet të jetë i sigurt për mikrovalë.
b) Vendoseni në mikrovalë për 30 sekonda.
c) Shtoni mishin e pulës dhe hidheni të bashkohet.
d) Ngrohni grilën mbi nxehtësinë mesatare dhe lyejeni me vaj.
e) Hiqni marinadën nga mishi i pulës dhe hidheni në tenxhere. Ziejini për 1-2 minuta. Vendoseni mënjanë.
f) Vendoseni pulën në skarë të nxehur dhe gatuajeni derisa të marrë ngjyrë të artë mirë nga të dyja anët.
g) Lyejeni pulën e gatuar me marinadë në furrë dhe gatuajeni edhe për 1-2 minuta të tjera.

12. Supë me pika veze

Bën: 4

PËRBËRËSIT:
- 2 (14,5 ons) kanaçe Lëng pule
- 1 lugë gjelle niseshte misri
- 1 vezë, e rrahur lehtë
- 2 lugë qepë të gjelbër të copëtuar

UDHËZIME:

a) Në një tenxhere shtoni niseshte misri dhe lëngun e pulës, përzieni mirë në zjarr mesatar.

b) Tani derdhni vezët e rrahura në tenxhere duke i përzier vazhdimisht.

c) Transferoni në tasat për servirje dhe sipër i hidhni qepë të njoma.

13. Biskotat e fatit

Bën: 6

PËRBËRËSIT:
- 1 e bardhe veze
- ⅛ lugë çaji ekstrakt vanilje
- 1 Majë kripë
- ¼ filxhan miell të gjithanshëm të pazbardhur
- ¼ filxhan sheqer të bardhë

UDHËZIME:
a) Ngroheni furrën në 355 gradë.

b) Lyeni një fletë biskotash me gjalpë.

c) Në të bardhën e vezëve shtoni vaniljen derisa të zbutet.

d) Në përzierjen e vezëve shtoni miellin e situr, sheqerin dhe kripën dhe i rrahim mirë.

e) Transferoni 1 lugë gjelle brumë në fletë biskotash me një distancë prej 4 inç.

f) Jepini brumit formën e rrumbullakët duke e anuar fletën.

g) E transferojmë në furrë dhe e pjekim për 5 minuta.

h) Pasi t'i hiqni nga furra vendosni biskotat në një dërrasë druri.

i) Tani vendosni pasurinë mbi biskota në qendër dhe paloseni biskotën nga gjysma. Vendosni skajet e përkulura përmes buzës së filxhanit.

14. Perime Lo Mein

Bën: 4

PËRBËRËSIT:
- 8 ons spageti të papjekura
- ¼ filxhan vaj vegjetal
- 2 gota kërpudha të freskëta të prera në feta
- 1 filxhan karota te grira
- ½ filxhan speca zile të kuqe të prera në feta
- 1 qepë, e grirë
- 2 thelpinj hudhre, te grira
- 2 gota Lakër fasule të freskëta
- ½ filxhan qepë të gjelbra të copëtuara
- 1 lugë gjelle niseshte misri
- 1 filxhan lëng pule
- ¼ filxhan salcë hoisin
- 2 lugë mjaltë
- 1 lugë gjelle salcë soje
- 1 lugë çaji xhenxhefil i freskët i grirë
- ¼ lugë çaji piper i kuq
- ¼ lugë çaji pluhur kerri

UDHËZIME:

a) Merrni një tenxhere dhe mbusheni me 2-3 gota ujë me ½ lugë çaji kripë. Lëreni të ziejë.

b) Shtoni makaronat dhe ziejini për 8-9 minuta. Kullojini dhe vendosini mënjanë.

c) Ngrohni vajin në tigan dhe skuqni kërpudhat, qepën, karrotën, piperin dhe hudhrën për 5-6 minuta.

d) Shtoni fasulet, qepën e njoma, filizat dhe përziejini për 1 minutë.

e) Merrni një tas shtoni lëngun e pulës, niseshte misri dhe përzieni mirë.

f) Hidheni këtë përzierje në skuqje të trazuar.

g) Shtoni xhenxhefil, salcë hoisin, piper kajen, mjaltë dhe pluhur kerri. I trazojmë mirë.

h) Lëreni të gatuhet për 5-10 minuta.

i) Transferoni spageti dhe përzieni.

j) Shërbejeni.

15. Pulë me limon

Bën: 6
PËRBËRËSIT:
- 3 paund gjoks pule pa kocka, të prera në copa 2 inç
- 1 lugë gjelle Sheri të thatë
- 1 lugë gjelle salcë soje
- ½ lugë çaji kripë
- 2 vezë
- 2 gota vaj vegjetal
- ¼ filxhan niseshte misri
- ½ lugë çaji pluhur pjekjeje
- ⅓ filxhan sheqer të bardhë
- 1 lugë gjelle niseshte misri
- 1 filxhan lëng pule
- 1 luge gjelle leng limoni
- 1 lugë çaji kripë
- 1 Limon, i prerë në feta
- 2 lugë vaj vegjetal

UDHËZIME:
a) Merrni një tas dhe shtoni pulën, salcën e sojës, ½ lugë çaji kripë dhe salcë sheri, përzieni mirë.
b) Mbulojeni dhe vendoseni në frigorifer për 20 minuta.
c) Në një tas të veçantë shtoni niseshte misri, vezët dhe pluhurin për pjekje, përzieni mirë.
d) Shtoni copat e pulës dhe përzieni mirë. Vendoseni mënjanë.
e) Ngrohni 2 gota vaj në tigan të thellë dhe skuqni copat e pulës në tufa.
f) Lëreni të skuqet deri në kafe të artë.
g) Përhapeni në peshqir letre për të kulluar vajin e tepërt.
h) Në një enë shtoni sheqerin, lëngun e mishit, 1 lugë çaji kripë, 1 lugë gjelle miell misri feta limoni dhe lëng limoni, përzieni.
i) Në një tenxhere ngrohni 2 lugë vaj dhe përzieni përzierjen e limonit.
j) Gatuani derisa salca të trashet lehtë.
k) Lyejeni mishin e pulës dhe shërbejeni.

16. Gaforrja Rangun

Bën: 10

PËRBËRËSIT:
- 1 (14 ons) paketë mbështjellës të vegjël të fituar
- 2 (8 ons) Pako Djath krem, i zbutur
- 1 lugë çaji me rrënjë xhenxhefili të freskët të grirë
- ½ lugë çaji Cilantro i freskët i copëtuar
- ½ lugë çaji majdanoz i tharë
- 3 lugë salcë soje të errët
- 1 Paund Mish Gaforre, i grirë
- 1 litër vaj për tiganisje

UDHËZIME:
a) Ngrohni vajin në tigan.
b) Merrni një tas dhe shtoni salcë soje, xhenxhefil, hudhër, cilantro, mish gaforre, majdanoz dhe krem djathi, përzieni mirë.
c) Përhapeni mbështjellësin wonton në sipërfaqe të pastër dhe vendosni mbi të 1 lugë çaji me përzierje krem djathi.
d) Palosni mbështjellësin në mbushje për të formuar një trekëndësh ose një gjysmëhënë.
e) Lyejini skajet me ujë, përsëritni të njëjtat hapa për të gjitha mbështjellësit. Mbulojeni me peshqir piper të lagur.
f) Transferoni 3-4 wonton në vaj të nxehtë dhe gatuajeni deri në kafe të artë.
g) Vendoseni në një peshqir letre për të kulluar vajin e tepërt.
h) Shërbejeni të nxehtë.

17. Bizele dëbore të skuqura

PËRBËRËSIT:
- 2 lugë vaj vegjetal
- 2 feta xhenxhefili të freskët të qëruara, secila përafërsisht sa një e katërta
- Kripë Kosher
- ¾ paund bizele bore ose bizele të parakohshme sheqeri, fijet e hequra

UDHËZIME:

a) Nxehni një wok mbi nxehtësinë mesatare-të lartë derisa një pikë uji të ziejë dhe të avullojë në kontakt. Hidhni vajin dhe rrotullojeni për të mbuluar bazën e wok-ut. Rregulloni vajin duke shtuar fetat e xhenxhefilit dhe pak kripë. Lëreni xhenxhefilin të ziejë në vaj për rreth 30 sekonda, duke e rrotulluar butësisht.

b) Shtoni bizelet e borës dhe, duke përdorur një shpatull wok, hidhini të lyhen me vaj. Skuqeni për 2 deri në 3 minuta, derisa të zbutet jeshile e ndezur dhe e freskët.

c) Transferoni në një pjatë dhe hidhni xhenxhefilin. Shërbejeni të nxehtë.

18. Spinaq i skuqur me hudhër dhe salcë soje

PËRBËRËSIT:
- 1 lugë gjelle salcë soje e lehtë
- 1 lugë çaji sheqer
- 2 lugë vaj vegjetal
- 4 thelpinj hudhre, te prera holle
- Kripë Kosher
- 8 ons spinaq i larë paraprakisht

UDHËZIME:

a) Në një tas të vogël, përzieni së bashku sojën e lehtë dhe sheqerin derisa sheqeri të tretet dhe lëreni mënjanë.

b) Nxehni një wok mbi nxehtësinë mesatare-të lartë derisa një pikë uji të ziejë dhe të avullojë në kontakt. Hidhni vajin dhe rrotullojeni për të mbuluar bazën e wok-ut. Shtoni hudhrën dhe pak kripë dhe skuqeni, duke e trazuar derisa hudhra të marrë aromë, rreth 10 sekonda. Duke përdorur një lugë të prerë, hiqni hudhrën nga tigani dhe lëreni mënjanë.

c) Shtoni spinaqin në vajin e kalitur dhe skuqeni derisa zarzavatet të jenë venitur dhe jeshile të ndezur. Shtoni përzierjen e sheqerit dhe sojës dhe lëreni të lyhet. Kthejeni hudhrën në wok dhe hidheni për t'u përfshirë. Transferoni në një pjatë dhe shërbejeni.

19. Lakra Napa e skuqur me erëza

PËRBËRËSIT:
- 2 lugë vaj vegjetal
- 3 ose 4 speca djegës të thatë
- 2 feta xhenxhefili të freskët të qëruara, secila përafërsisht sa një e katërta
- Kripë Kosher
- 2 thelpinj hudhre, te prera ne feta
- 1 kokë lakër napa, e grirë
- 1 lugë gjelle salcë soje e lehtë
- ½ lugë gjelle uthull të zezë
- Piper i zi i sapo bluar

UDHËZIME:

a) Nxehni një wok mbi nxehtësinë mesatare-të lartë. Hidhni vajin dhe shtoni specat djegës. Lërini specat djegës të ziejnë në vaj për 15 sekonda. Shtoni fetat e xhenxhefilit dhe pak kripë. Hidhni hudhrën dhe skuqeni për pak kohë për t'i dhënë shije vajit, rreth 10 sekonda. Mos e lini hudhrën të skuqet ose të digjet.

b) Shtoni lakrën dhe skuqeni derisa të thahet dhe të marrë një ngjyrë jeshile të ndezur, rreth 4 minuta. Shtoni sojën e lehtë dhe uthullën e zezë dhe rregulloni me pak kripë dhe piper. Hidheni në shtresë për 20 deri në 30 sekonda të tjera.

c) Transferoni në një pjatë dhe hidhni xhenxhefilin. Shërbejeni të nxehtë.

20. Marule e skuqur me salcë perle

PËRBËRËSIT:
- 1½ lugë vaj vegjetal
- 1 fetë xhenxhefil të freskët të qëruar, përafërsisht sa një çerek
- Kripë Kosher
- 2 thelpinj hudhre, te prera holle
- 1 kokë marule ajsberg, e shpëlarë dhe e tharë, e prerë në copa 1 inç të gjera
- 2 lugë salcë perle
- ½ lugë çaji vaj susami, për zbukurim

UDHËZIME:

a) Nxehni një wok mbi nxehtësinë mesatare-të lartë derisa një pikë uji të ziejë dhe të avullojë në kontakt. Shtoni vajin vegjetal dhe rrotullojeni për të mbuluar bazën e wok-ut. Rregulloni vajin duke shtuar fetën e xhenxhefilit dhe një majë kripë. Lëreni xhenxhefilin të ziejë në vaj për rreth 30 sekonda, duke e rrotulluar butësisht.

b) Shtoni hudhrën dhe skuqeni pak për t'i dhënë shije vajit, rreth 10 sekonda. Mos e lini hudhrën të skuqet ose të digjet. Shtoni marulen dhe skuqeni derisa të fillojë të zbehet pak, 3 deri në 4 minuta. Hidhni salcën e gocës së detit mbi marule dhe hidheni shpejt në shtresë, edhe 20 deri në 30 sekonda.

21. Brokoli i skuqur dhe kërcell bambuje

PËRBËRËSIT:
- 2 lugë vaj vegjetal
- 1 fetë xhenxhefil të freskët të qëruar, përafërsisht sa një çerek
- 4 gota lule brokoli
- 2 lugë ujë
- 2 thelpinj hudhre, te grira
- 1 (8 ons) kanaçe bambuje të prera në feta, të shpëlarë dhe të kulluar
- 1 lugë gjelle salcë soje e lehtë
- 1 lugë çaji vaj susami
- 2 lugë çaji fara susami të thekura

UDHËZIME:
a) Nxehni një wok mbi nxehtësinë mesatare-të lartë. Hidhni vajin vegjetal dhe shtoni fetën e xhenxhefilit dhe pak kripë.

b) Shtoni brokolin dhe skuqeni për 2 minuta derisa të jesh i ndezur. Shtoni ujin dhe mbulojeni tiganin për 2 minuta që brokoli të ziejë në avull.

c) Hiqeni kapakun, shtoni hudhrën dhe vazhdoni të skuqeni për 30 sekonda. Llokoçisni fidanet e bambusë dhe vazhdoni të skuqni për 30 sekonda të tjera.

d) Përzieni vajin e lehtë të sojës dhe susamit. Hiqni xhenxhefilin dhe hidheni. Shërbejeni në një pjatë të nxehur dhe zbukurojeni me farat e susamit.

22.   Fasule me fije të thata

PËRBËRËSIT:

- 1 lugë gjelle salcë soje e lehtë
- 1 lugë gjelle hudhër të grirë
- 1 lugë gjelle doubanjiang (pastë fasule djegëse kineze)
- 2 lugë çaji sheqer
- 1 lugë çaji vaj susami
- Kripë Kosher
- ½ filxhan vaj vegjetal
- 1 kile fasule jeshile, të prera, të prera në gjysmë dhe të thara

UDHËZIME:

a) Në një tas të vogël, përzieni së bashku sojën e lehtë, hudhrën, pastën e fasules, sheqerin, vajin e susamit dhe pak kripë. Le menjane.

b) Në një wok, ngrohni vajin vegjetal mbi nxehtësinë mesatare-të lartë. Skuqini fasulet. Ktheni butësisht fasulet në vaj derisa të duken të rrudhura.

c) Pasi të jenë gatuar të gjitha fasulet, transferojeni me kujdes vajin e mbetur në një enë rezistente ndaj nxehtësisë. Përdorni një palë darë me disa peshqirë letre për të fshirë dhe pastruar wok-un.

d) Kthejeni wok-un në zjarr të lartë dhe shtoni 1 lugë gjelle vaj skuqjeje të rezervuar. Shtoni bishtajat dhe salcën djegës, duke i trazuar derisa salca të marrë një valë dhe të lyejë bishtajat. I kalojmë fasulet në një pjatë dhe i shërbejmë të nxehta.

23. Bok Choy dhe kërpudha të skuqura

PËRBËRËSIT:
- 3 lugë vaj vegjetal
- 1 fetë xhenxhefil të freskët të qëruar, përafërsisht sa një çerek
- ½ kile kërpudha të freskëta shiitake
- 2 thelpinj hudhre, te grira
- 1½ paund baby bok choy, feta kryq në copa 1 inç
- 2 lugë gjelle verë orizi Shaoxing
- 2 lugë çaji salcë soje e lehtë
- 2 lugë çaji vaj susami

UDHËZIME:
a) Nxehni një wok mbi nxehtësinë mesatare-të lartë. Hidhni vajin vegjetal dhe rrotullojeni për të mbuluar bazën e wok-ut. Shtoni fetën e xhenxhefilit dhe pak kripë.

b) Shtoni kërpudhat dhe skuqini për 3 deri në 4 minuta, derisa të fillojnë të marrin ngjyrë kafe. Shtoni hudhrën dhe skuqeni derisa të marrë aromë, rreth 30 sekonda më shumë.

c) Shtoni bok choy dhe hidhini me kërpudhat. Shtoni verën e orizit, sojen e lehtë dhe vajin e susamit. Gatuani për 3 deri në 4 minuta, duke i hedhur vazhdimisht perimet derisa të zbuten.

d) Transferoni perimet në një pjatë servirjeje, hidhni xhenxhefilin dhe shërbejini të nxehtë.

24. Përzierje perimesh të skuqura

PËRBËRËSIT:
- 3 lugë vaj vegjetal
- 1 fetë xhenxhefil të freskët të qëruar, përafërsisht sa një çerek
- Kripë Kosher
- ½ qepë e bardhë, e prerë në copa 1 inç
- 1 karotë e madhe, e qëruar dhe e prerë diagonalisht
- 2 brinjë selino, të prera diagonalisht në feta ¼ inç të trasha
- 6 kërpudha të freskëta shiitake
- 1 spec i kuq zile, i prerë në copa 1 inç
- 1 grusht bishtaja të vogla, të prera
- 2 thelpinj hudhre, te grira holle
- 2 qepë, të prera hollë

UDHËZIME:

a) Nxehni një wok mbi nxehtësinë mesatare-të lartë derisa një pikë uji të ziejë dhe të avullojë në kontakt. Hidhni vajin dhe rrotullojeni për të mbuluar bazën e wok-ut. Rregulloni vajin duke shtuar fetën e xhenxhefilit dhe një majë kripë. Lëreni të ziejë në vaj për rreth 30 sekonda, duke e rrotulluar butësisht.

b) Shtoni qepën, karotën dhe selinon në wok dhe skuqini, duke lëvizur shpejt perimet në wok duke përdorur një shpatull. Kur perimet fillojnë të duken të buta, rreth 4 minuta, shtoni kërpudhat dhe vazhdoni t'i hidhni në wok të nxehtë.

c) Kur kërpudhat të duken të buta, shtoni specin zile dhe vazhdoni t'i hidhni, rreth 4 minuta të tjera. Kur specat ziejnë të fillojnë të zbuten, shtoni bishtajat dhe hidhini derisa të zbuten, rreth 3 minuta të tjera. Shtoni hudhrat dhe hidhini derisa të marrin aromë.

d) Transferoni në një pjatë, hidhni xhenxhefilin dhe zbukurojeni me qepë. Shërbejeni të nxehtë.

25. Kënaqësia e Budës

PËRBËRËSIT:

- Një grusht i vogël (rreth ⅓ filxhan) kërpudha veshi të thara prej druri
- 8 kërpudha të thata shiitake
- 2 lugë salcë soje e lehtë
- 2 lugë çaji sheqer
- 1 lugë çaji vaj susami
- 2 lugë vaj vegjetal
- 2 feta xhenxhefili të freskët të qëruara, secila përafërsisht sa një e katërta
- Kripë Kosher
- 1 kungull delicata, të përgjysmuar, me fara dhe të prera në copa sa një kafshatë
- 2 lugë gjelle verë orizi Shaoxing
- 1 filxhan bizele të parakohshme sheqeri, fijet e hequra
- 1 (8 ons) kanaçe me ujë gështenja, të shpëlarë dhe të kulluar
- Piper i zi i sapo bluar

UDHËZIME:

a) Thithni të dy kërpudhat e thata në enë të veçanta të mbuluara me ujë të nxehtë derisa të zbuten, rreth 20 minuta. Kullojeni dhe hidhni lëngun e njomjes së veshit të drurit. Kullojeni dhe ruani ½ filxhan nga lëngu shiitake. Tek lëngu i kërpudhave shtoni sojen e lehtë, sheqerin dhe vajin e susamit dhe përzieni që të tretet sheqeri. Le menjane.

b) Nxehni një wok mbi nxehtësinë mesatare-të lartë derisa një pikë uji të ziejë dhe të avullojë në kontakt. Hidhni vajin vegjetal dhe rrotullojeni për të mbuluar bazën e wok-ut. Rregulloni vajin duke shtuar fetat e xhenxhefilit dhe pak kripë. Lëreni xhenxhefilin të ziejë në vaj për rreth 30 sekonda, duke e rrotulluar butësisht.

c) Shtoni kungujt dhe skuqini duke i hedhur vajin e stazhionuar për rreth 3 minuta. Shtoni të dy kërpudhat dhe verën e orizit dhe vazhdoni të skuqeni për 30 sekonda. Shtoni bizelet e borës dhe gështenjat e ujit, duke i hedhur me vaj. Shtoni lëngun e rezervuar të erëzave të kërpudhave dhe mbulojeni. Vazhdoni gatimin, duke i përzier herë pas here, derisa perimet të zbuten, rreth 5 minuta.

d) Hiqeni kapakun dhe rregulloni me kripë dhe piper për shije. Hidhni xhenxhefilin dhe shërbejeni.

26. Tofu e stilit Hunan

PËRBËRËSIT:
- 1 lugë çaji niseshte misri
- 1 lugë gjelle ujë
- 4 lugë gjelle vaj vegjetal ose kanola, të ndara
- Kripë Kosher
- tofu i fortë 1 kile, i kulluar dhe i prerë në katrorë ½ inç të trashë, 2 inç në të gjithë
- 3 lugë fasule të zeza të fermentuara, të shpëlarë dhe të grira
- 2 lugë gjelle doubanjiang (pastë fasule djegëse kineze)
- Copë 1 inç xhenxhefil të freskët, të qëruar dhe të grirë hollë
- 3 thelpinj hudhre, te grira holle
- 1 spec i kuq i madh zile, i prerë në copa 1 inç
- 4 qepë, të prera në pjesë 2 inç
- 1 lugë gjelle verë orizi Shaoxing
- 1 lugë çaji sheqer
- ¼ filxhan lëng mishi pule ose perimesh me pak natrium

UDHËZIME:

a) Në një tas të vogël, përzieni së bashku niseshtën e misrit dhe ujin dhe lërini mënjanë.

b) Nxehni një wok mbi nxehtësinë mesatare-të lartë derisa një pikë uji të ziejë dhe të avullojë në kontakt. Hidhni në të 2 lugë vaj dhe rrotullojeni për të mbuluar bazën dhe anët e wok-ut. Shtoni pak kripë dhe rregulloni fetat tofu në wok në një shtresë. Ziejini tofu-n për 1 deri në 2 minuta, duke e anuar wok-un për të rrëshqitur vajin nën tofu ndërsa zihet. Kur ana e parë të jetë skuqur, duke përdorur një shpatull wok, kthejeni me kujdes tofu-në dhe ziejini për 1 deri në 2 minuta të tjera derisa të marrin ngjyrë kafe të artë. Transferoni tofu-në e pjekur në një pjatë dhe lëreni mënjanë.

c) Uleni nxehtësinë në mesatare-të ulët. Shtoni 2 lugët e mbetura vaj në wok. Sapo vaji të fillojë të pijë pak tym, shtoni fasulet e zeza, pastën e fasules, xhenxhefilin dhe hudhrën. Skuqeni për 20 sekonda, ose derisa vaji të marrë një ngjyrë të kuqe të thellë nga pasta e fasules.

d) Shtoni specin zile dhe qepët dhe hidhini verën Shaoxing dhe sheqerin. Gatuani për një minutë tjetër, ose derisa vera të jetë gati të avullojë dhe speci zier të jetë i butë.

e) Hidhni butësisht tofu-në e skuqur derisa të gjithë përbërësit në wok të kombinohen. Vazhdoni të gatuani edhe për 45 sekonda, ose derisa tofu të marrë një ngjyrë të kuqe të thellë dhe qepët të jenë tharë.

f) Hidhni lëngun e pulës mbi përzierjen e tofu-së dhe përzieni butësisht për të zbutur wok-un dhe për të tretur ndonjë nga copat e mbërthyera në wok. Lërini përzierjen e miellit të misrit dhe ujit të përzieni shpejt dhe shtojeni në wok. Përziejeni lehtë dhe ziejini për 2 minuta, ose derisa salca të bëhet me shkëlqim dhe e trashë. Shërbejeni të nxehtë.

27. Ma Po Tofu

PËRBËRËSIT:

- ½ kile mish derri i bluar
- 2 lugë gjelle verë orizi Shaoxing
- 2 lugë çaji salcë soje e lehtë
- 1 lugë çaji xhenxhefil të freskët të qëruar i grirë imët
- 2 lugë çaji niseshte misri
- 1½ lugë gjelle ujë
- 2 lugë vaj vegjetal
- 1 lugë gjelle piper sichuan, të grimcuar
- 3 lugë gjelle doubanjiang (pastë fasule djegëse kineze)
- 4 qepë, të prera hollë, të ndara
- 1 lugë çaji vaj djegës
- 1 lugë çaji sheqer
- ½ lugë çaji pluhur kinez me pesë erëza
- 1 kilogram tofu mesatar, i kulluar dhe i prerë në kube ½ inç
- 1½ filxhan lëng pule me pak natrium
- Kripë Kosher
- 1 lugë gjelle gjethe të freskëta cilantro të grira trashë, për zbukurim

UDHËZIME:

a) Në një tas të vogël, përzieni së bashku mishin e derrit të bluar, verën e orizit, sojën e lehtë dhe xhenxhefilin. Le menjane. Në një enë tjetër të vogël, përzieni niseshtën e misrit së bashku me ujin. Le menjane.

b) Nxehni një wok mbi nxehtësinë mesatare dhe derdhni vajin vegjetal. Shtoni kokrrat e piperit Sichuan dhe skuqini butësisht derisa të fillojnë të ziejnë ndërsa vaji nxehet.

c) Shtoni mishin e marinuar dhe pastën e fasules dhe përzieni për 4 deri në 5 minuta, derisa mishi i derrit të skuqet dhe të shkërmoqet. Shtoni gjysmën e qepëve, vajin djegës, sheqerin dhe pesë erëza pluhur. Vazhdoni të skuqeni për 30 sekonda të tjera, ose derisa qepët të shuhen.

d) Shpërndani kubat tofu mbi mishin e derrit dhe derdhni lëngun. Mos e përzieni; lëreni tofu të gatuhet dhe të forcohet pak më parë. Mbulojeni dhe ziejini për 15 minuta mbi nxehtësinë mesatare. Zbulojeni dhe përzieni butësisht. Kini kujdes që të mos i thyeni shumë kubat e tofu-s.

e) Shijoni dhe shtoni kripë ose sheqer, në varësi të preferencës tuaj. Sheqeri shtesë mund të qetësojë pikante nëse është shumë i nxehtë. Përzieni përsëri niseshtenë dhe ujin dhe shtoni në tofu. E trazojmë lehtë derisa salca të trashet.

f) Zbukuroni me qepët e mbetur dhe cilantro dhe shërbejeni të nxehtë.

28. Gjizë fasule në avull në një salcë të thjeshtë

PËRBËRËSIT:
- 1 kile tofu mesatare
- 2 lugë salcë soje e lehtë
- 1 lugë gjelle vaj susami
- 2 lugë çaji uthull të zezë
- 2 thelpinj hudhre, te grira holle
- 1 lugë çaji xhenxhefil të freskët të qëruar i grirë imët
- ½ lugë çaji sheqer
- 2 qepë, të prera hollë
- 1 lugë gjelle gjethe të freskëta cilantro të grira në mënyrë të trashë

UDHËZIME:
a) Hiqeni tofu nga paketimi i tij, duke u kujdesur që ta mbani të paprekur. E vendosim në një pjatë të madhe dhe e presim me kujdes në feta 1 deri në 1½ inç të trasha. Lëreni mënjanë për 5 minuta. Pushimi i tofu-së lejon që më shumë hirra e tij të kullojë.

b) Shpëlajeni shportën e avullit me bambu dhe kapakun e saj nën ujë të ftohtë dhe vendoseni në wok. Hidhni rreth 2 inç ujë të ftohtë ose derisa të vijë sipër buzës së poshtme të avullit me rreth ¼ deri në ½ inç, por jo aq i lartë sa uji të prekë fundin e koshit.

c) Kullojeni çdo hirrë shtesë nga pjata tofu dhe vendoseni pjatën në avulloren me bambu. Mbulojeni dhe vendoseni wok-in mbi nxehtësinë mesatare-të lartë. Sillni ujin të vlojë dhe ziejini tofu-në në avull për 6 deri në 8 minuta.

d) Ndërsa tofu po ziejë në avull, në një tenxhere të vogël, përzieni sojen e lehtë, vajin e susamit, uthullën, hudhrën, xhenxhefilin dhe sheqerin së bashku në zjarr të ulët derisa sheqeri të tretet.

e) Hidhni salcën e ngrohtë mbi tofu dhe zbukurojeni me qepë dhe cilantro.

29. Asparagus susam

PËRBËRËSIT:

- 2 lugë salcë soje e lehtë
- 1 lugë çaji sheqer
- 1 lugë gjelle vaj vegjetal
- 2 thelpinj hudhre te medha, te prera ne menyre te madhe
- Asparagus 2 paund, i prerë dhe i prerë diagonalisht në copa 2 inç të gjata
- Kripë Kosher
- 2 lugë vaj susami
- 1 lugë gjelle fara susami të thekur

UDHËZIME:

a) Në një tas të vogël, përzieni sojen e lehtë dhe sheqerin së bashku derisa sheqeri të tretet. Le menjane.

b) Nxehni një wok mbi nxehtësinë mesatare-të lartë derisa një pikë uji të ziejë dhe të avullojë në kontakt. Hidhni vajin vegjetal dhe rrotullojeni për të mbuluar bazën e wok-ut. Shtoni hudhrën dhe skuqeni derisa të marrë aromë, rreth 10 sekonda.

c) Shtoni shpargujt dhe skuqini. Shtoni përzierjen e salcës së sojës dhe hidhini të lyhen shpargujt, duke i zier edhe për rreth 1 minutë.

d) Hidhni vajin e susamit mbi shpargujt dhe transferojeni në një tas për servirje. E zbukurojmë me farat e susamit dhe e shërbejmë të nxehtë.

30. Patëllxhan dhe tofu në salcën e hudhrës

PËRBËRËSIT:

- 6 gota ujë plus 1 lugë gjelle, të ndara
- 1 lugë gjelle kripë kosher
- 3 patëllxhanë të gjatë kinezë (rreth ¾ paund), të prera dhe të prera diagonalisht në copa 1 inç
- 1½ lugë niseshte misri, të ndarë
- 1 lugë gjelle salcë soje e lehtë
- 2 lugë çaji sheqer
- ½ lugë çaji salcë soje e errët
- 3 lugë vaj vegjetal, të ndarë
- 3 thelpinj hudhër, të prera
- 1 lugë çaji xhenxhefil të freskët të grirë të qëruar
- ½ paund tofu i fortë, i prerë në kube ½ inç

UDHËZIME:

a) Në një tas të madh, bashkoni 6 gota ujë dhe kripë. E trazojmë për pak kohë që të tretet kripa dhe shtojmë copat e patëllxhanit. Vendosni një kapak të madh tenxhere sipër për ta mbajtur patëllxhanin të zhytur në ujë dhe lëreni të qëndrojë për 15 minuta. Kullojeni patëllxhanin dhe thajeni me peshqir letre. Hidheni patëllxhanin në një tas me një pluhur niseshte misri, rreth 1 lugë gjelle.

b) Në një tas të vogël, përzieni ½ lugë gjelle niseshte misri të mbetur me 1 lugë gjelle të mbetur ujë, soje të lehtë, sheqer dhe soje të errët. Le menjane.

c) Nxehni një wok mbi nxehtësinë mesatare-të lartë derisa një pikë uji të ziejë dhe të avullojë në kontakt. Hidhni në të 2 lugë vaj dhe rrotullojeni për të mbuluar bazën e wok-ut dhe lart anët e tij. Rregulloni patëllxhanët në një shtresë të vetme në wok.

d) E skuqim patëllxhanin nga secila anë, rreth 4 minuta për çdo anë. Patëllxhani duhet të jetë pak i djegur dhe në kafe të artë. Uleni nxehtësinë në mesatare nëse wok fillon të pijë duhan. Transferoni patëllxhanin në një tas dhe kthejeni wok-in në zjarr.

e) Shtoni 1 lugë gjelle vaj të mbetur dhe skuqni hudhrat dhe xhenxhefilin derisa të marrin aromë dhe të marrin gërryer, rreth 10 sekonda. Shtoni tofu dhe skuqeni për 2 minuta të tjera, më pas kthejeni patëllxhanin në wok. Përziejeni përsëri salcën dhe hidheni në wok, duke i përzier të gjithë përbërësit derisa salca të trashet në një konsistencë të errët dhe me shkëlqim.

f) Transferoni patëllxhanë dhe tofu në një pjatë dhe shërbejeni të nxehtë.

31. Brokoli kinez me salcë perle

PËRBËRËSIT:
- ¼ filxhan salcë goca deti
- 2 lugë çaji salcë soje e lehtë
- 1 lugë çaji vaj susami
- 2 lugë vaj vegjetal
- 4 feta xhenxhefili të freskët të qëruara, secila përafërsisht sa një e katërta
- 4 thelpinj hudhër, të qëruara
- Kripë Kosher
- 2 tufa brokoli kinez ose brokoli, skajet e forta të prera
- 2 lugë ujë

UDHËZIME:

a) Në një tas të vogël, përzieni së bashku salcën e gocave të detit, sojen e lehtë dhe vajin e susamit dhe lërini mënjanë.

b) Nxehni një wok mbi nxehtësinë mesatare-të lartë derisa një pikë uji të ziejë dhe të avullojë në kontakt. Hidhni vajin vegjetal dhe rrotullojeni për të mbuluar bazën e wok-ut. Shtoni xhenxhefilin, hudhrën dhe pak kripë. Lërini aromatikët të ziejnë në vaj, duke i rrotulluar butësisht për rreth 10 sekonda.

c) Shtoni brokolin dhe përziejini derisa të lyhet me vaj dhe të gjelbër të ndezur. Shtoni ujin dhe mbulojeni që brokoli të ziejë në avull për rreth 3 minuta, ose derisa kërcellet të shpohen lehtësisht me thikë. Hiqni xhenxhefilin dhe hudhrën dhe hidhni.

d) Përzieni salcën dhe hidheni të lyhet derisa të nxehet. Transferoni në një pjatë për servirje.

32. Karkaleca me kripë dhe piper

PËRBËRËSIT:

- 1 lugë gjelle kripë kosher
- 1½ lugë çaji kokrra piper sichuan
- 1½ paund karkaleca të mëdha (U31–35), të qëruara dhe të zhveshura, bishtat e mbetura sipër
- ½ filxhan vaj vegjetal
- 1 filxhan niseshte misri
- 4 qepë, të prera diagonalisht
- 1 piper jalapeño, i prerë përgjysmuar dhe i prerë në feta hollë
- 6 thelpinj hudhre, te prera holle

UDHËZIME:

a) Në një tigan të vogël ose një tigan mbi nxehtësinë mesatare, skuqni kripën dhe piperin derisa të jenë aromatike, duke tundur dhe përzier shpesh për të shmangur djegien. Transferoni në një tas që të ftohet plotësisht. Grini kripën dhe piperin së bashku në një mulli erëzash ose me një llaç dhe shtypës. Transferoni në një tas dhe lëreni mënjanë.

b) Fshijeni karkalecat e thata me një peshqir letre.

c) Në një wok, ngrohni vajin në nxehtësi mesatare-të lartë në 375°F, ose derisa të flluska dhe të skuqet rreth fundit të një luge druri.

d) Vendosni niseshtën e misrit në një tas të madh. Pak para se të jeni gati për të skuqur karkalecat, hidhni gjysmën e karkalecave për t'u lyer me niseshte misri dhe shkundni niseshtenë e tepërt.

e) Skuqini karkalecat për 1 deri në 2 minuta, derisa të marrin ngjyrë rozë. Duke përdorur një skarë wok, transferoni karkalecat e skuqura në një raft të vendosur mbi një fletë pjekjeje për t'u kulluar. Përsëriteni procesin me karkalecat e mbetura duke i hedhur miell misri, skuqur dhe transferuar në raft për t'u kulluar.

f) Pasi të jenë gatuar të gjitha karkalecat, hiqni me kujdes të gjitha, përveç 2 lugë gjelle vaj dhe kthejeni wok-un në nxehtësi mesatare. Shtoni qepët, jalapeño dhe hudhrat dhe skuqini derisa qepët dhe jalapeño të marrin ngjyrë jeshile të ndezur dhe hudhra të jetë aromatike. Kthejini karkalecat në wok, i shijoni me përzierjen e kripës dhe piperit (mund të mos i përdorni të gjitha) dhe hidhini të lyhen. Transferoni karkalecat në një pjatë dhe shërbejini të nxehtë.

33. Karkaleca e dehur

SHËRBON 4
PËRBËRËSIT:
- 2 gota verë orizi Shaoxing
- 4 feta xhenxhefili të freskët të qëruara, secila përafërsisht sa një e katërta
- 2 lugë gjelle goji manaferra të thata (opsionale)
- 2 lugë çaji sheqer
- 1 kile karkaleca jumbo (U21–25), e qëruar dhe e deveuar, bishtat e mbetura sipër
- 2 lugë vaj vegjetal
- Kripë Kosher
- 2 lugë çaji niseshte misri

UDHËZIME:

a) Në një tas të gjerë përzierjeje, përzieni së bashku verën e orizit, xhenxhefilin, manaferrat goji (nëse përdorni) dhe sheqerin derisa sheqeri të tretet. Shtoni karkalecat dhe mbulojeni. Marinojini në frigorifer për 20 deri në 30 minuta.

b) Hidhni karkalecat dhe marinadën në një kullesë të vendosur mbi një tas. Rezervoni ½ filxhan marinadë dhe pjesën tjetër hidhni.

c) Nxehni një wok mbi nxehtësinë mesatare-të lartë derisa një pikë uji të ziejë dhe të avullojë në kontakt. Hidhni vajin dhe rrotullojeni për të mbuluar bazën e wok-ut. Rrëzoni vajin duke shtuar një majë të vogël kripë dhe rrotullojeni butësisht.

d) Shtoni karkalecat dhe skuqini fuqishëm, duke shtuar një majë kripë ndërsa i rrokullisni dhe i hidhni karkalecat në wok. Vazhdoni të lëvizni karkalecat për rreth 3 minuta, derisa ato thjesht të marrin ngjyrë rozë.

e) Përzieni niseshtenë e misrit në marinadën e rezervuar dhe derdhni mbi karkaleca. Hidhni karkalecat dhe lyejeni me marinadë. Ajo do të trashet në një salcë me shkëlqim ndërsa fillon të ziejë, rreth 5 minuta të tjera.

f) Transferoni karkalecat dhe manaferrat goji në një pjatë, hidhni xhenxhefilin dhe shërbejini të nxehtë.

34. Karkaleca e skuqur në stilin shangain

PËRBËRËSIT:

- 1 kile karkaleca të mesme të mëdha (U31–40), të qëruara dhe të zhveshura, bishtat e mbetura sipër
- 2 lugë vaj vegjetal
- Kripë Kosher
- 2 lugë çaji verë orizi Shaoxing
- 2 qepë, të grira imët

UDHËZIME:

a) Duke përdorur gërshërë të mprehtë kuzhine ose një thikë prerëse, prisni karkalecat në gjysmë për së gjati, duke e mbajtur pjesën e bishtit të paprekur. Ndërsa karkalecat skuqen, prerja e tij në këtë mënyrë do të japë më shumë sipërfaqe dhe do të krijojë një formë dhe teksturë unike!

b) Thajeni karkalecat me peshqir letre dhe mbajini të thata. Sa më të thata të jenë karkalecat, aq më e shijshme është pjata. Mund t'i mbani karkalecat në frigorifer, të mbështjellë në një peshqir letre, deri në 2 orë para gatimit.

c) Nxehni një wok mbi nxehtësinë mesatare-të lartë derisa një pikë uji të ziejë dhe të avullojë në kontakt. Hidhni vajin dhe rrotullojeni për të mbuluar bazën e wok-ut. Rrëzoni vajin duke shtuar një majë të vogël kripë dhe rrotullojeni butësisht.

d) Shtoni karkalecat të gjitha menjëherë në wok të nxehtë. Hidheni dhe kthejeni shpejt për 2 deri në 3 minuta, derisa karkalecat sapo të fillojnë të marrin ngjyrë rozë. Rregullojini me një majë tjetër të vogël kripë dhe shtoni verën e orizit. Lëreni verën të ziejë ndërsa vazhdoni të skuqni, rreth 2 minuta të tjera. Karkalecat duhet të ndahen dhe të përkulen, ende të ngjitura në bisht.

e) Transferoni në një pjatë servirjeje dhe zbukurojeni me qepë. Shërbejeni të nxehtë.

35. Karkaleca arre

PËRBËRËSIT:
- Spërkatje me vaj vegjetal që nuk ngjit
- 1 kile karkaleca jumbo (U21–25), e qëruar
- 25 deri në 30 gjysma arre
- 3 gota vaj vegjetal, për tiganisje
- 2 luge sheqer
- 2 lugë ujë
- ¼ filxhan majonezë
- 3 lugë qumësht të kondensuar të ëmbël
- ¼ lugë çaji uthull orizi
- Kripë Kosher
- ⅓ filxhan niseshte misri

UDHËZIME:
a) Rreshtoni një fletë pjekjeje me letër furre dhe spërkatni lehtë me llak gatimi. Le menjane.

b) Fluturoni karkalecat duke e mbajtur në një dërrasë prerëse me anën e lakuar poshtë. Duke u nisur nga zona e kokës, futni majën e një thike prerëse tre të katërtat e rrugës në karkaleca. Bëni një fetë poshtë qendrës së shpinës së karkalecave deri në bisht. Mos i prisni deri në fund karkalecat dhe mos i prisni në zonën e bishtit. Hapni karkalecat si një libër dhe shtrijini në shesh. Fshijeni venën (traktin tretës të karkalecave) nëse është i dukshëm dhe shpëlajeni karkalecat nën ujë të ftohtë, më pas thajini me një peshqir letre. Le menjane.

c) Në një wok, ngrohni vajin në nxehtësi mesatare-të lartë në 375°F, ose derisa të flluska dhe të skuqet rreth fundit të një luge druri. Skuqini arrat derisa të marrin ngjyrë kafe të artë, 3 deri në 4 minuta dhe, duke përdorur një skimmer wok, transferojini arrat në një pjatë të veshur me peshqir letre. Lëreni mënjanë dhe fikni zjarrin.

d) Në një tenxhere të vogël, përzieni sheqerin dhe ujin dhe vendoseni të ziejë mbi nxehtësinë mesatare në të lartë, duke e përzier herë pas here, derisa sheqeri të tretet. Ulni nxehtësinë në mesatare dhe ziejini për të zvogëluar shurupin për 5 minuta, ose derisa shurupi të jetë i trashë dhe me shkëlqim. Shtoni arrat dhe i hidhni që të lyhen plotësisht me shurupin. I kalojmë arrat në tepsi të përgatitur dhe i lëmë mënjanë të ftohen. Sheqeri duhet të ngurtësohet rreth arrave dhe të formojë një guaskë të ëmbëlsuar.

e) Në një tas të vogël, përzieni majonezën, qumështin e kondensuar, uthullën e orizit dhe pak kripë. Le menjane.

f) Kthejeni vajin wok përsëri në 375°F mbi nxehtësinë mesatare-të lartë. Ndërsa vaji po nxehet, rregullojini karkalecat lehtë me pak kripë. Në një tas përziejini karkalecat me niseshte misri derisa të lyhen mirë. Duke punuar në tufa të vogla, shkundni niseshtenë e tepërt nga karkalecat dhe skuqini në vaj, duke i zhvendosur shpejt në vaj në mënyrë që të mos ngjiten së bashku. Skuqini karkalecat për 2 deri në 3 minuta derisa të marrin ngjyrë kafe të artë.

g) Transferoni në një tas të pastër përzierjeje dhe hidhni salcën sipër. Palosni butësisht derisa karkalecat të jenë të veshura në mënyrë të barabartë. Vendosim karkalecat në një pjatë dhe zbukurojmë me arra të ëmbëlsuara. Shërbejeni të nxehtë.

36. Scallops Kadife

PËRBËRËSIT:
- 1 e bardhe veze e madhe
- 2 lugë niseshte misri
- 2 lugë gjelle verë orizi Shaoxing, e ndarë
- 1 lugë çaji kripë kosher, e ndarë
- 1 kile fiston të freskët deti, të shpëlarë, të hequr muskujt dhe të thahen
- 3 lugë vaj vegjetal, të ndarë
- 1 lugë gjelle salcë soje e lehtë
- ¼ filxhan lëng portokalli të freskët të shtrydhur
- Lëkura e grirë e 1 portokalli
- Thekon spec të kuq (opsionale)
- 2 qepë, vetëm pjesa e gjelbër, të prera hollë, për zbukurim

UDHËZIME:

a) Në një tas të madh, kombinoni të bardhën e vezës, niseshte misri, 1 lugë gjelle verë orizi dhe ½ lugë çaji kripë dhe përzieni me një rrahëse të vogël derisa niseshteja e misrit të tretet plotësisht dhe të mos jetë më gunga. Hidhni fiston dhe vendoseni në frigorifer për 30 minuta.

b) Hiqni fiston nga frigoriferi. Sillni një tenxhere me ujë të madhësisë mesatare të vlojë. Shtoni 1 lugë gjelle vaj vegjetal dhe uleni në zjarr të ngadaltë. Shtoni fiston në ujin e zier dhe ziejini për 15 deri në 20 sekonda, duke i përzier vazhdimisht derisa fiston të bëhet i errët (fistonët nuk do të jenë gatuar plotësisht). Duke përdorur një skarë wok, transferojini fiston në një fletë pjekjeje të veshur me peshqir letre dhe thajini me peshqir letre.

c) Në një gotë matëse, kombinoni 1 lugë gjelle të mbetur me verë orizi, soje të lehtë, lëng portokalli, lëvore portokalli dhe një majë petë me piper të kuq (nëse përdorni) dhe lërini mënjanë.

d) Nxehni një wok mbi nxehtësinë mesatare-të lartë derisa një pikë uji të ziejë dhe të avullojë në kontakt. Hidhni 2 lugët e mbetura vaj dhe rrotullojeni për të mbuluar bazën e wok-ut. Rregulloni vajin duke shtuar ½ lugë çaji të mbetur kripë.

e) Shtoni fiston me kadife në wok dhe rrotullojeni në salcë. Skuqini fiston derisa të jenë gatuar, rreth 1 minutë. Transferoni në një pjatë servirje dhe zbukurojeni me qepë.

37. Ushqim deti dhe perime Stir-Fry me petë

PËRBËRËSIT:

- 1 filxhan vaj vegjetal, i ndarë
- 3 feta xhenxhefil të freskët të qëruar
- Kripë Kosher
- 1 spec i kuq zile, i prerë në copa 1 inç
- 1 qepë e bardhë e vogël, e prerë në rripa të hollë vertikalë të gjatë
- 1 grusht i madh bizele bore, fijet e hequra
- 2 thelpinj hudhre te medha, te grira holle
- ½ kile karkaleca ose peshk, të prerë në copa 1 inç
- 1 lugë gjelle salcë fasule të zezë
- ½ kile petë orizi të thata vermiçeli ose petë me fije fasule

UDHËZIME:

a) Nxehni një wok mbi nxehtësinë mesatare-të lartë derisa një pikë uji të ziejë dhe të avullojë në kontakt. Hidhni në të 2 lugë vaj dhe rrotullojeni për të mbuluar bazën e wok-ut. Rregulloni vajin duke shtuar fetat e xhenxhefilit dhe një majë të vogël kripë. Lëreni xhenxhefilin të ziejë në vaj për rreth 30 sekonda, duke e rrotulluar butësisht.

b) Shtoni piperin zile dhe qepën dhe skuqini shpejt duke i hedhur dhe rrotulluar në wok duke përdorur një shpatull wok.

c) Spërkateni lehtë me kripë dhe vazhdoni të skuqeni për 4 deri në 6 minuta, derisa qepa të duket e butë dhe e tejdukshme. Shtoni bizelet e borës dhe hudhrat, duke i hedhur dhe rrotulluar derisa hudhra të jetë aromatik, rreth një minutë tjetër. Transferoni perimet në një pjatë.

d) Ngroheni edhe 1 lugë gjelle vaj dhe shtoni karkalecat ose peshkun. Hidheni butësisht dhe rregulloni lehtë me një majë të vogël kripë. Skuqeni për 3 deri në 4 minuta, ose derisa karkalecat të marrin ngjyrë rozë ose peshku të fillojë të skuqet. Ktheni perimet dhe i përzieni të gjitha së bashku për 1 minutë më shumë. Hidhni xhenxhefilin dhe transferojini karkalecat në një pjatë. Tenda me petë për të mbajtur ngrohtë.

e) Fshijeni wok-un dhe kthejeni në nxehtësi mesatare-të lartë. Hidhni vajin e mbetur (rreth ¾ filxhani) dhe ngroheni në 375°F, ose derisa të flluska dhe të ziejë rreth fundit të një luge druri. Sapo vaji të jetë në temperaturë, shtoni petët e thara. Ata menjëherë do të fillojnë të fryhen dhe të ngrihen nga vaji. Duke përdorur darë, kthejeni renë e petëve nëse keni nevojë të skuqni pjesën e sipërme dhe hiqeni me kujdes nga vaji dhe transferojeni në një pjatë të veshur me peshqir letre për t'u kulluar dhe ftohur.

f) Thyejeni butësisht petët në copa më të vogla dhe shpërndani sipër perimeve të skuqura dhe karkalecave. Shërbejeni menjëherë.

38. Peshk i plotë i zier në avull me xhenxhefil dhe qepë

PËRBËRËSIT:
Për peshkun
- 1 peshk i bardhë i plotë, rreth 2 kilogramë, me kokë dhe i pastruar
- ½ filxhan kripë kosher, për pastrim
- 3 qepë, të prera në copa 3 inç
- 4 feta xhenxhefili të freskët të qëruara, secila përafërsisht sa një e katërta
- 2 lugë gjelle verë orizi Shaoxing

Për salcën
- 2 lugë salcë soje e lehtë
- 1 lugë gjelle vaj susami
- 2 lugë çaji sheqer

Për vajin e xhenxhefilit që cëcëritës
- 3 lugë vaj vegjetal
- 2 lugë gjelle xhenxhefil të freskët të qëruar të grirë imët në shirita të hollë
- 2 qepë, të prera hollë
- Qepë e kuqe, e prerë hollë (opsionale)
- Cilantro (opsionale)

UDHËZIME:

a) Fërkojeni peshkun brenda dhe jashtë me kripën kosher. Shpëlajeni peshkun dhe thajeni me peshqir letre.

b) Në një pjatë aq të madhe sa të futet në një kosh me avull prej bambuje, bëni një shtrat duke përdorur gjysmën e secilës qepë dhe xhenxhefil. Shtroni peshkun sipër dhe mbushni qepët e mbetura dhe xhenxhefilin brenda peshkut. Hidhni verën e orizit mbi peshkun.

c) Shpëlajeni shportën e avullit me bambu dhe kapakun e saj nën ujë të ftohtë dhe vendoseni në wok. Hidhni rreth 2 inç ujë të ftohtë ose derisa të vijë sipër buzës së poshtme të avullit me rreth ¼ deri në ½ inç, por jo aq i lartë sa uji të prekë fundin e koshit. Sillni ujin të vlojë.

d) Vendoseni pjatën në koshin e avullit dhe mbulojeni. Ziejeni peshkun me avull mbi nxehtësinë mesatare për 15 minuta (shtoni 2 minuta për çdo gjysmë kile më shumë). Përpara se ta hiqni nga wok-i, shponi peshkun me një pirun pranë kokës. Nëse mishi bie, është bërë. Nëse mishi ende ngjitet, ziejini në avull edhe për 2 minuta.

e) Ndërsa peshku është duke zier me avull, në një tigan të vogël ngrohni në zjarr të ulët sojen e lehtë, vajin e susamit dhe sheqerin dhe lërini mënjanë.

f) Pasi peshku të jetë gatuar, transferojeni në një pjatë të pastër. Hidhni lëngun e gatimit dhe lëndët aromatike nga pjata e avullit. Hidhni përzierjen e ngrohtë të salcës së sojës mbi peshk. Tenden me pete per ta mbajtur te ngrohte gjate pergatitjes se vajit.

39. Peshk i skuqur me xhenxhefil dhe bok Choy

PËRBËRËSIT:
- 1 e bardhe veze e madhe
- 1 lugë gjelle verë orizi Shaoxing
- 2 lugë çaji niseshte misri
- 1 lugë çaji vaj susami
- ½ lugë çaji salcë soje e lehtë
- Fileto peshku 1 kile pa kocka, të prera në copa 2 inç
- 4 lugë vaj vegjetal, të ndara
- Kripë Kosher
- 4 feta xhenxhefili të freskët të qëruar, sa një çerek
- 3 koka baby bok choy, të prera në copa sa kafshatë
- 1 thelpi hudhër, e grirë

UDHËZIME:
a) Në një tas mesatar, përzieni së bashku të bardhën e vezës, verën e orizit, niseshtën e misrit, vajin e susamit dhe sojën e lehtë. Shtoni peshkun në marinadë dhe përzieni që të lyhet. Marinojini për 10 minuta.

b) Nxehni një wok mbi nxehtësinë mesatare-të lartë derisa një pikë uji të ziejë dhe të avullojë në kontakt. Hidhni në të 2 lugë vaj vegjetal dhe rrotullojeni për të mbuluar bazën e wok-ut. Rrëzoni vajin duke shtuar një majë të vogël kripë dhe rrotullojeni butësisht.

c) Me një lugë të prerë, hiqni peshkun nga marinada dhe vendoseni në wok për rreth 2 minuta nga secila anë, derisa të skuqet lehtë nga të dyja anët. Transferoni peshkun në një pjatë dhe lëreni mënjanë.

d) Shtoni 2 lugët e mbetura të vajit vegjetal në wok. Shtoni një majë tjetër kripë dhe xhenxhefilin dhe shijoni vajin, duke e rrotulluar butësisht për 30 sekonda. Shtoni bok choy dhe hudhrën dhe skuqini për 3 deri në 4 minuta, duke i hedhur vazhdimisht, derisa bok choy të zbutet.

e) Kthejeni peshkun në wok dhe hidheni butësisht së bashku me bok choy derisa të kombinohen. Spërkateni lehtë me një majë tjetër kripë. Transferoni në një pjatë, hidhni xhenxhefilin dhe shërbejeni menjëherë.

40. Midhjet në salcën e fasules së zezë

PËRBËRËSIT:
- 3 lugë vaj vegjetal
- 2 feta xhenxhefili të freskët të qëruara, secila përafërsisht sa një e katërta
- Kripë Kosher
- 2 qepë, të prera në copa 2 inç të gjata
- 4 thelpinj hudhre te medha, te prera holle
- 2 paund midhje të gjalla PEI, të pastruara dhe të zbehura
- 2 lugë gjelle verë orizi Shaoxing
- 2 lugë salcë fasule të zezë ose salcë fasule të zezë të blerë në dyqan
- 2 lugë çaji vaj susami
- ½ tufë cilantro e freskët, e grirë trashë

UDHËZIME:
a) Nxehni një wok mbi nxehtësinë mesatare-të lartë derisa një pikë uji të ziejë dhe të avullojë në kontakt. Hidhni vajin vegjetal dhe rrotullojeni për të mbuluar bazën e wok-ut. Rregulloni vajin duke shtuar fetat e xhenxhefilit dhe një majë të vogël kripë. Lëreni xhenxhefilin të ziejë në vaj për rreth 30 sekonda, duke e rrotulluar butësisht.

b) Hidhni qepët dhe hudhrat dhe skuqini për 10 sekonda, ose derisa qepët të jenë tharë.

c) Shtojmë midhjet dhe i hedhim të lyhen me vaj. Hidhni verën e orizit në anët e wok-ut dhe hidheni shkurtimisht. Mbulojeni dhe ziejini në avull për 6 deri në 8 minuta, derisa të hapen midhjet.

d) Zbuloni dhe shtoni salcën e fasules së zezë, duke i hedhur të lyhen midhjet. Mbulojeni dhe lëreni të ziejë me avull për 2 minuta të tjera. Zbuloni dhe zgjidhni, duke hequr midhjet që nuk janë hapur.

e) Spërkatni midhjet me vajin e susamit. Hidheni pak derisa vaji i susamit të marrë aromë. Hidhni xhenxhefilin, kaloni midhjet në një pjatë dhe zbukurojeni me cilantro.

41. Gaforrja e kokosit

PËRBËRËSIT:

- 2 lugë vaj vegjetal
- 2 feta xhenxhefil të freskët të qëruar, rreth një çerek
- Kripë Kosher
- 1 qepe, e prerë hollë
- 1 lugë gjelle pluhur kerri
- 1 (13,5 ons) kanaçe qumësht kokosi
- ¼ lugë çaji sheqer
- 1 lugë gjelle verë orizi Shaoxing
- Mish gaforre i konservuar 1 kile, i kulluar dhe i zgjedhur për të hequr copat e guaskës
- Piper i zi i sapo bluar
- ¼ filxhan cilantro të freskët të copëtuar ose majdanoz me gjethe të sheshta, për zbukurim
- Oriz i gatuar, për servirje

UDHËZIME:

a) Nxehni një wok mbi nxehtësinë mesatare-të lartë derisa një pikë uji të ziejë dhe të avullojë në kontakt. Hidhni vajin dhe rrotullojeni për të mbuluar bazën e wok-ut. Rregulloni vajin duke shtuar fetat e xhenxhefilit dhe pak kripë. Lëreni xhenxhefilin të ziejë në vaj për rreth 30 sekonda, duke e rrotulluar butësisht.

b) Shtoni qepën dhe skuqeni për rreth 10 sekonda. Shtoni pluhurin e karrit dhe përzieni derisa të marrë aromë për 10 sekonda të tjera.

c) Hidhni qumështin e kokosit, sheqerin dhe verën e orizit, mbuloni wok-in dhe gatuajeni për 5 minuta.

d) Përzieni gaforren, mbulojeni me kapak dhe gatuajeni derisa të nxehet, rreth 5 minuta. Hiqeni kapakun, rregulloni erëzat me kripë dhe piper dhe hidhni xhenxhefilin. Hidhni sipër një tas me oriz dhe zbukurojeni me cilantro të copëtuar.

42. Kallamar me piper të zi të skuqur thellë

PËRBËRËSIT:

- 3 gota vaj vegjetal
- Tubat dhe tentakulat e kallamarëve 1 kile, të pastruara dhe tubat e prera në unaza 15 cm
- ½ filxhan miell orizi
- Kripë Kosher
- ¼ lugë çaji piper i zi i sapo bluar
- ¾ filxhan ujë të gazuar, të mbajtur akull të ftohtë
- 2 lugë gjelle cilantro të freskët të grirë në mënyrë të trashë

UDHËZIME:

a) Hidhni vajin në wok; vaji duhet të jetë rreth 1 deri në 1½ inç i thellë. Sillni vajin në 375°F mbi nxehtësinë mesatare-të lartë. Mund të dalloni se vaji është në temperaturën e duhur kur vaji flluska dhe fërgëlon rreth fundit të një luge druri kur zhytet. Fshijeni kallamarin të thahet me peshqir letre.

b) Ndërkohë në një enë të cekët përziejmë miellin e orizit me pak kripë dhe piper. Rrihni në ujë të gazuar aq sa të formoni një brumë të hollë. Palosni kallamarët dhe, duke punuar në tufa, ngrini kallamarin nga brumi duke përdorur një skarë wok ose lugë me vrima, duke shkundur çdo tepricë. Uleni me kujdes në vaj të nxehtë.

c) Gatuani kallamarët për rreth 3 minuta, derisa të marrin ngjyrë kafe të artë dhe të freskët. Duke përdorur një skarë wok, hiqeni kalamarinë nga vaji dhe transferojeni në një pjatë të veshur me peshqir letre dhe lyejeni lehtë me kripë. Përsëriteni me kallamarët e mbetur.

d) Transferoni kallamarët në një pjatë dhe zbukurojeni me cilantro. Shërbejeni të nxehtë.

43. Perla të skuqura thellë me konfeti djegës-hudhër

PËRBËRËSIT:

- 1 enë (16 ons) goca deti të vogla të shtrënguara
- ½ filxhan miell orizi
- ½ filxhan miell për të gjitha përdorimet, i ndarë
- ½ lugë çaji pluhur pjekjeje
- Kripë Kosher
- Piper i bardhë i bluar
- ¼ lugë çaji pluhur qepë
- ¾ filxhan ujë të gazuar, të ftohur
- 1 lugë çaji vaj susami
- 3 gota vaj vegjetal
- 3 thelpinj hudhre te medha, te prera holle
- 1 djegës i vogël djegës i kuq, i prerë imët
- 1 djegës i vogël i gjelbër, i prerë në kubikë të imët
- 1 qepë qepë, e prerë hollë

UDHËZIME:

a) Në një tas përziejini së bashku miellin e orizit, ¼ filxhan miell për të gjitha përdorimet, pluhurin për pjekje, një majë kripë dhe piper të bardhë dhe pluhurin e qepës. Shtoni ujin e gazuar dhe vajin e susamit, përziejini derisa të jenë të lëmuara dhe lërini mënjanë.

b) Në një wok, ngrohni vajin vegjetal mbi nxehtësinë mesatare në të lartë në 375°F, ose derisa të flluska dhe të skuqet rreth fundit të një luge druri.

c) Fshijini gocat me një peshqir letre dhe fshijini me ¼ filxhani të mbetur me miell të gjithanshëm. Zhytini gocat e detit një nga një në brumin e miellit të orizit dhe hidhini me kujdes në vajin e nxehtë.

d) Skuqini gocat e detit për 3 deri në 4 minuta, ose derisa të marrin ngjyrë kafe të artë. Transferoni në një raft ftohës me tela të vendosur mbi një fletë pjekjeje për t'u kulluar. Spërkateni lehtë me kripë.

e) Kthejeni temperaturën e vajit në 375°F dhe skuqni hudhrat dhe specat djegës për pak kohë derisa të jenë krokante, por ende me ngjyrë të ndezur, rreth 45 sekonda. Me një skarë teli, hiqeni nga vaji dhe vendoseni në një pjatë të veshur me peshqir letre.

f) Vendosni gocat e detit në një pjatë dhe spërkatni sipër hudhrat dhe specat djegës. E zbukurojmë me qepët e prera në feta dhe e shërbejmë menjëherë.

44. Pulë Kung Pao

PËRBËRËSIT:

- 3 lugë çaji salcë soje e lehtë
- 2½ lugë çaji niseshte misri
- 2 lugë çaji uthull të zezë kineze
- 1 lugë çaji verë orizi Shaoxing
- 1 lugë çaji vaj susami
- ¾ kile kofshët e pulës pa kocka, pa lëkurë, të prera në 1 inç
- 2 lugë vaj vegjetal
- 6 deri në 8 speca djegës të kuq të thatë të plotë
- 3 qepë, pjesë të bardha dhe jeshile të ndara, të prera hollë
- 2 thelpinj hudhre, te grira
- 1 lugë çaji xhenxhefil të freskët të grirë të qëruar
- ¼ filxhan kikirikë të thatë të pjekur pa kripë

UDHËZIME:

a) Në një tas mesatar, përzieni së bashku sojën e lehtë, niseshtën e misrit, uthullën e zezë, verën e orizit dhe vajin e susamit derisa niseshteja e misrit të tretet. Shtoni mishin e pulës dhe përzieni butësisht që të lyhet. Marinojini për 10 deri në 15 minuta, ose kohë të mjaftueshme për të përgatitur pjesën tjetër të përbërësve.

b) Nxehni një wok mbi nxehtësinë mesatare-të lartë derisa një pikë uji të ziejë dhe të avullojë në kontakt. Hidhni vajin vegjetal dhe rrotullojeni për të mbuluar bazën e wok-ut.

c) Shtoni specat djegës dhe skuqini për rreth 10 sekonda, ose derisa sapo të kenë filluar të nxihen dhe vaji të jetë pak aromatik.

d) Shtoni pulën, duke rezervuar marinadën dhe skuqeni për 3 deri në 4 minuta, derisa të mos jetë më rozë.

e) Hidhni të bardhat e qepës, hudhrën dhe xhenxhefilin dhe skuqini për rreth 30 sekonda. Hidhni marinadën dhe përzieni që të lyhet pula. Hidhni në të kikirikët dhe gatuajeni edhe për 2 deri në 3 minuta, derisa salca të bëhet me shkëlqim.

f) Transferoni në një pjatë për servirje, zbukurojeni me zarzavate qepë dhe shërbejeni të nxehtë.

45. Pulë me brokoli

PËRBËRËSIT:

- 1 lugë gjelle verë orizi Shaoxing
- 2 lugë çaji salcë soje e lehtë
- 1 lugë çaji hudhër të grirë
- 1 lugë çaji niseshte misri
- ¼ lugë çaji sheqer
- ¾ kile kofshët e pulës pa kocka dhe lëkurë, të prera në copa 2 inç
- 2 lugë vaj vegjetal
- 4 feta xhenxhefili të freskët të qëruar, sa një çerek
- Kripë Kosher
- Brokoli 1 kile, i prerë në lule të vogla
- 2 lugë ujë
- Thekon spec të kuq (opsionale)
- ¼ filxhan salcë fasule të zezë ose salcë fasule e zezë e blerë në dyqan

UDHËZIME:

a) Në një tas të vogël, përzieni së bashku verën e orizit, sojën e lehtë, hudhrën, niseshtën e misrit dhe sheqerin. Shtoni pulën dhe marinojini për 10 minuta.

b) Nxehni një wok mbi nxehtësinë mesatare-të lartë derisa një pikë uji të ziejë dhe të avullojë në kontakt. Hidhni vajin vegjetal dhe rrotullojeni për të mbuluar bazën e wok-ut. Shtoni xhenxhefilin dhe pak kripë. Lëreni xhenxhefilin të ziejë për rreth 30 sekonda, duke e rrotulluar butësisht.

c) Transferoni pulën në wok, duke hedhur marinadën. Skuqeni pulën për 4 deri në 5 minuta, derisa të mos jetë më rozë. Shtoni brokolin, ujin dhe një majë specash të kuq (nëse përdorni) dhe skuqeni për 1 minutë. Mbulojeni wok-in dhe ziejini brokolin në avull për 6 deri në 8 minuta, derisa të jetë i freskët dhe i butë.

d) Përzieni salcën e fasules së zezë derisa të lyhet dhe të ngrohet, rreth 2 minuta, ose derisa salca të jetë trashur pak dhe të bëhet me shkëlqim.

e) Hidhni xhenxhefilin, vendoseni në një pjatë dhe shërbejeni të nxehtë.

46. Pulë me lëkurë mandarine

PËRBËRËSIT:
- 3 te bardha veze te medha
- 2 lugë niseshte misri
- 1½ lugë salcë soje e lehtë, e ndarë
- ¼ lugë çaji piper i bardhë i bluar
- ¾ kile kofshët e pulës pa kocka, pa lëkurë, të prera në copa sa një kafshatë
- 3 gota vaj vegjetal
- 4 feta xhenxhefili të freskët të qëruara, secila përafërsisht sa një e katërta
- 1 lugë çaji kokrra piper Sichuan, pak të plasaritur
- Kripë Kosher
- ½ qepë e verdhë, e prerë hollë në shirita ¼ inç të gjerë
- Lëvozhga e 1 mandarine, e copëtuar në shirita ⅛ inç të trashë
- Lëng nga 2 mandarina (rreth ½ filxhan)
- 2 lugë çaji vaj susami
- ½ lugë çaji uthull orizi
- Sheqer kafe e lehtë
- 2 qepë, të prera hollë, për zbukurim
- 1 lugë fara susami, për zbukurim

UDHËZIME:
a) Në një tas, duke përdorur një pirun ose kamxhik, rrihni të bardhat e vezëve derisa të bëhen shkumë dhe derisa grumbujt më të ngushtë të bëhen shkumë. Përzieni niseshte misri, 2 lugë çaji soje të lehtë dhe piper të bardhë derisa të përzihet mirë. Palosni mishin e pulës dhe marinojini për 10 minuta.

b) Hidhni vajin në wok; vaji duhet të jetë rreth 1 deri në 1½ inç i thellë. Sillni vajin në 375°F mbi nxehtësinë mesatare-të lartë. Mund të dalloni se vaji është në temperaturën e duhur kur zhytni fundin e një luge druri në vaj. Nëse vaji flluska dhe zihet rreth tij, vaji është gati.

c) Duke përdorur një lugë të prerë ose një skarë wok, hiqni pulën nga marinada dhe shkundni pjesën e tepërt. Uleni me kujdes në vaj të nxehtë. Skuqini pulën në tufa për 3 deri në 4 minuta, ose derisa pula të marrë ngjyrë kafe të artë dhe të bëhet krokante në sipërfaqe. Transferoni në një pjatë të veshur me peshqir letre.

d) Hidhni të gjithë, përveç 1 lugë gjelle vaj nga wok dhe vendoseni në nxehtësi mesatare-të lartë. Rrotulloni vajin për të veshur bazën e wok-ut. Rregulloni vajin duke shtuar xhenxhefilin, kokrrat e piperit dhe pak kripë. Lëreni xhenxhefilin dhe kokrrat e piperit të ziejnë në vaj për rreth 30 sekonda, duke i rrotulluar butësisht.

e) Shtoni qepën dhe skuqeni, duke e hedhur dhe rrotulluar me një shpatull wok për 2 deri në 3 minuta, ose derisa qepa të bëhet e butë dhe e tejdukshme. Shtoni lëvozhgën e mandarinës dhe skuqeni për një minutë tjetër, ose derisa të ketë aromë.

f) Shtoni lëngun e mandarinës, vajin e susamit, uthullën dhe pak sheqer kaf. Lëreni salcën të ziejë dhe ziej për rreth 6 minuta, derisa të zvogëlohet përgjysmë. Duhet të jetë shurup dhe shumë i mprehtë. Shijoni dhe shtoni pak kripë, nëse është e nevojshme.

g) Fikni zjarrin dhe shtoni mishin e pulës së skuqur duke i hedhur të lyhet me salcën. Transferoni pulën në një pjatë, hidhni xhenxhefilin dhe zbukurojeni me qepët e prera në feta dhe farat e susamit. Shërbejeni të nxehtë.

47. Pulë shqeme

SHERBET 4 ME 6
PËRBËRËSIT:
- 1 lugë gjelle salcë soje e lehtë
- 2 lugë çaji verë orizi Shaoxing
- 2 lugë çaji niseshte misri
- 1 lugë çaji vaj susami
- ½ lugë çaji piper i grirë sichuan
- ¾ kile kofshët e pulës pa kocka, pa lëkurë, të prera në kube 1 inç
- 2 lugë vaj vegjetal
- Copë ½ inç xhenxhefil të freskët të qëruar i grirë imët
- Kripë Kosher
- ½ spec i kuq zile, i prerë në copa ½ inç
- 1 kungull i njomë i vogël, i prerë në copa ½ inç
- 2 thelpinj hudhre, te grira
- ½ filxhan shqeme të thata të pjekura pa kripë
- 2 qepë, pjesë të bardha dhe jeshile të ndara, të prera hollë

UDHËZIME:

a) Në një tas mesatar, përzieni së bashku sojën e lehtë, verën e orizit, niseshtenë e misrit, vajin e susamit dhe piperin Sichuan. Shtoni mishin e pulës dhe përzieni butësisht që të lyhet. Lëreni të marinohet për 15 minuta, ose për një kohë të mjaftueshme për të përgatitur pjesën tjetër të përbërësve.

b) Nxehni një wok mbi nxehtësinë mesatare-të lartë derisa një pikë uji të ziejë dhe të avullojë në kontakt. Hidhni vajin vegjetal dhe rrotullojeni për të mbuluar bazën e wok-ut. Rregulloni vajin duke shtuar xhenxhefilin dhe pak kripë. Lëreni xhenxhefilin të ziejë në vaj për rreth 30 sekonda, duke e rrotulluar butësisht.

c) Duke përdorur darë, hiqni pulën nga marinada dhe transferojeni në wok, duke e rezervuar marinadën. Skuqeni pulën për 4 deri në 5 minuta, derisa të mos jetë më rozë. Shtoni specin e kuq zile, kungull i njomë dhe hudhër dhe i përzieni për 2 deri në 3 minuta, ose derisa perimet të jenë të buta.

d) Hidhni marinadën dhe përzieni që të mbulohen përbërësit e tjerë. Lëreni marinadën të ziejë dhe vazhdoni të skuqeni për 1 deri në 2 minuta, derisa salca të bëhet e trashë dhe me shkëlqim. Përzieni shqemet dhe gatuajeni për një minutë tjetër.

e) Transferoni në një pjatë për servirje, zbukurojeni me qepë dhe shërbejeni të nxehtë.

48. Velvet Chicken and Snow Bizele

PËRBËRËSIT:

- 2 te bardha veze te medha
- 2 lugë niseshte misri, plus 1 lugë çaji
- ¾ kile gjoks pule pa kocka dhe pa lëkurë
- 3½ lugë vaj vegjetal, të ndarë
- ⅓ filxhan supë pule me përmbajtje të ulët natriumi
- 1 lugë gjelle verë orizi Shaoxing
- Kripë Kosher
- Piper i bardhë i bluar
- 4 feta xhenxhefil të freskët të qëruar
- 1 (4 ons) kanaçe të prera në feta fidane bambuje, të shpëlarë dhe të kulluar
- 3 thelpinj hudhre, te grira
- ¾ paund bizele bore ose bizele të parakohshme sheqeri, fijet e hequra

UDHËZIME:

a) Në një tas, duke përdorur një pirun ose kamxhik, rrihni të bardhat e vezëve derisa të bëhen shkumë dhe grumbujt më të ngushtë të të bardhës së vezës të bëhen shkumë. Përzieni 2 lugë niseshte misri derisa të përzihen mirë dhe të mos bëhen më të grumbulluara. Hidhni mishin e pulës dhe 1 lugë gjelle vaj vegjetal dhe marinojini.

b) Në një tas të vogël, përzieni lëngun e pulës, verën e orizit dhe 1 lugë çaji niseshte misri të mbetur dhe i rregulloni me një majë kripë dhe piper të bardhë. Le menjane.

c) Sillni një tenxhere mesatare të mbushur me ujë të ziejë në zjarr të lartë. Shtoni ½ lugë vaj dhe zvogëloni zjarrin në zjarr të ngadaltë. Duke përdorur një skarë wok ose lugë me vrima për të lejuar që marinada të kullojë, transferojeni pulën në ujin e vluar. Lërini pulën të trazohet në mënyrë që pjesët të mos grumbullohen së bashku. Gatuani për 40 deri në 50 sekonda, derisa pula të zbardhet nga jashtë, por të mos gatuhet. Kullojeni pulën në një kullesë dhe shkundni ujin e tepërt. Hidhni ujin e zier.

d) Nxehni një wok mbi nxehtësinë mesatare-të lartë derisa një pikë uji të ziejë dhe të avullojë në kontakt. Hidhni 2 lugët e mbetura vaj dhe rrotullojeni për të mbuluar bazën e wok-ut. Rregulloni vajin duke shtuar fetat e xhenxhefilit dhe kripën. Lëreni xhenxhefilin të ziejë në vaj për rreth 30 sekonda, duke e rrotulluar butësisht.

e) Shtoni filizat e bambusë dhe hudhrën dhe, duke përdorur një shpatull wok, hidhini të lyhen me vaj dhe ziejini derisa të marrin aromë, rreth 30 sekonda. Shtoni bizelet e borës dhe skuqini për rreth 2 minuta derisa të zbuten jeshile të ndezura dhe të freskëta. Shtoni pulën në wok dhe rrotullojeni në përzierjen e salcës. Hidheni të lyhet dhe vazhdoni zierjen për 1 deri në 2 minuta.

f) Transferoni në një pjatë dhe hidhni xhenxhefilin. Shërbejeni të nxehtë.

49. Pulë dhe perime me salcë fasule të zezë

PËRBËRËSIT:

- 1 lugë gjelle salcë soje e lehtë
- 1 lugë çaji vaj susami
- 1 lugë çaji niseshte misri
- ¾ kile kofshët e pulës pa kocka, pa lëkurë, të prera në copa sa një kafshatë
- 3 lugë vaj vegjetal, të ndarë
- 1 fetë xhenxhefil të freskët të qëruar, përafërsisht sa një çerek
- Kripë Kosher
- 1 qepë e vogël e verdhë, e prerë në copa të vogla
- ½ spec i kuq zile, i prerë në copa të vogla
- ½ piper zile të verdhë ose jeshile, të prerë në copa të vogla
- 3 thelpinj hudhër, të prera
- ⅓ filxhan Salcë e fasules së zezë ose salcë fasule e zezë e blerë në dyqan

UDHËZIME:

a) Në një tas të madh, përzieni sojën e lehtë, vajin e susamit dhe niseshtën e misrit derisa të tretet niseshteja. Shtoni pulën dhe hidheni të lyhet në marinadë. Lëreni pulën mënjanë të marinohet për 10 minuta.

b) Nxehni një wok mbi nxehtësinë mesatare-të lartë derisa një pikë uji të ziejë dhe të avullojë në kontakt. Hidhni në të 2 lugë vaj vegjetal dhe rrotullojeni për të mbuluar bazën e wok-ut. Rregulloni vajin duke shtuar xhenxhefilin dhe pak kripë. Lëreni xhenxhefilin të ziejë në vaj për rreth 30 sekonda, duke e rrotulluar butësisht.

c) Transferoni pulën në wok dhe hidhni marinadën. Lërini pjesët të zihen në wok për 2 deri në 3 minuta. Kthejeni për të skuqur nga ana tjetër për 1 deri në 2 minuta të tjera. Skuqeni duke e hedhur dhe rrotulluar shpejt në wok për 1 minutë më shumë. Transferoni në një tas të pastër.

d) Shtoni 1 lugë gjelle vaj të mbetur dhe hidhni qepën dhe specat. Skuqini shpejt për 2 deri në 3 minuta, duke i hedhur dhe rrotulluar perimet me një shpatull wok derisa qepa të duket e tejdukshme, por të jetë ende e fortë në strukturë. Shtoni hudhrën dhe skuqeni për 30 sekonda të tjera.

e) Kthejeni pulën në wok dhe shtoni salcën e fasules së zezë. Hidheni dhe rrokullisni derisa pula dhe perimet të jenë të veshura.

f) Transferoni në një pjatë, hidhni xhenxhefilin dhe shërbejeni të nxehtë.

50. Pulë me fasule jeshile

PËRBËRËSIT:
- ¾ kile kofshët e pulës pa kocka, pa lëkurë, të prera nëpër kokërr në shirita të madhësisë së kafshatës
- 3 lugë gjelle verë orizi Shaoxing, e ndarë
- 2 lugë çaji niseshte misri
- Kripë Kosher
- Thekon spec të kuq
- 3 lugë vaj vegjetal, të ndarë
- 4 feta xhenxhefili të freskët të qëruara, secila përafërsisht sa një e katërta
- ¾ kile bishtaja, të prera dhe të përgjysmuara në mënyrë tërthore diagonalisht
- 2 lugë salcë soje e lehtë
- 1 lugë gjelle uthull orizi të kalitur
- ¼ filxhan bajame të grira, të thekura
- 2 lugë çaji vaj susami

UDHËZIME:

a) Në një tas përziejeni mishin e pulës me 1 lugë gjelle verë orizi, niseshte misri, një majë të vogël kripë dhe një majë petë piper të kuq. Përziejini që pula të mbulohet në mënyrë të barabartë. Marinojini për 10 minuta.

b) Nxehni një wok mbi nxehtësinë mesatare-të lartë derisa një pikë uji të ziejë dhe të avullojë në kontakt. Hidhni në të 2 lugë vaj vegjetal dhe rrotullojeni për të mbuluar bazën e wok-ut. Rregulloni vajin duke shtuar xhenxhefilin dhe një majë të vogël kripë. Lëreni xhenxhefilin të ziejë në vaj për rreth 30 sekonda, duke e rrotulluar butësisht.

c) Shtoni pulën dhe marinadën në wok dhe skuqeni për 3 deri në 4 minuta, ose derisa pula të skuqet pak dhe të mos jetë më rozë. Transferoni në një tas të pastër dhe lëreni mënjanë.

d) Shtoni 1 lugë gjelle të mbetur vaj vegjetal dhe skuqni bishtajat për 2 deri në 3 minuta, ose derisa të marrin ngjyrë jeshile të ndezur. Kthejeni pulën në wok dhe përzieni së bashku. Shtoni 2 lugët e mbetura verë oriz, soje të lehtë dhe uthull. Hidhini të kombinohen dhe lyejini dhe lërini bishtajat të ziejnë për 3 minuta të tjera, ose derisa bishtajat të zbuten. Hiqni xhenxhefilin dhe hidheni.

e) Hidhni bajamet dhe transferojini në një pjatë. Spërkateni me vaj susami dhe shërbejeni të nxehtë.

51. Pulë në salcën e susamit

PËRBËRËSIT:
- 3 te bardha veze te medha
- 3 lugë niseshte misri, të ndara
- 1½ lugë salcë soje e lehtë, e ndarë
- 1 kile kofshët e pulës pa kocka, pa lëkurë, të prera në copa sa një kafshatë
- 3 gota vaj vegjetal
- 3 feta xhenxhefili të freskët të qëruara, secila sa një e katërta
- Kripë Kosher
- Thekon spec të kuq
- 3 thelpinj hudhër, të prera në mënyrë të trashë
- ¼ filxhan lëng pule me pak natrium
- 2 lugë vaj susami
- 2 qepë, të prera hollë, për zbukurim
- 1 lugë fara susami, për zbukurim

UDHËZIME:
a) Në një tas, duke përdorur një pirun ose kamxhik, rrihni të bardhat e vezëve derisa të bëhen shkumë dhe grumbujt më të ngushtë të të bardhës së vezës të bëhen shkumë. Përziejini së bashku 2 lugë gjelle niseshte misri dhe 2 lugë çaji soje të lehta derisa të përzihen mirë. Palosni mishin e pulës dhe marinojini për 10 minuta.

b) Hidhni vajin në wok; vaji duhet të jetë rreth 1 deri në 1½ inç i thellë. Sillni vajin në 375°F mbi nxehtësinë mesatare-të lartë. Mund të dalloni se vaji është në temperaturën e duhur kur zhytni fundin e një luge druri në vaj. Nëse vaji flluska dhe zihet rreth tij, vaji është gati.

c) Duke përdorur një lugë të prerë ose një skarë wok, hiqni pulën nga marinada dhe shkundni pjesën e tepërt. Uleni me kujdes në vaj të nxehtë. Skuqini pulën në tufa për 3 deri në 4 minuta, ose derisa pula të marrë ngjyrë kafe të artë dhe të bëhet krokante në sipërfaqe. Transferoni në një pjatë të veshur me peshqir letre.

d) Hidhni të gjithë, përveç 1 lugë gjelle vaj nga wok dhe vendoseni në nxehtësi mesatare-të lartë. Rrotulloni vajin për të veshur bazën e wok-ut. Rregulloni vajin duke shtuar xhenxhefilin dhe një majë kripë dhe piper të kuq. Lërini thekonet e xhenxhefilit dhe piperit të ziejnë në vaj për rreth 30 sekonda, duke i rrotulluar butësisht.

e) Shtoni hudhrën dhe skuqeni, duke e hedhur dhe rrotulluar me një shpatull wok për 30 sekonda. Hidhni lëngun e pulës, 2½ lugë çaji të mbetur sojë të lehtë dhe 1 lugë gjelle niseshte misri të mbetur. Ziejini për 4 deri në 5 minuta, derisa salca të trashet dhe të bëhet me shkëlqim. Shtoni vajin e susamit dhe përziejini të bashkohen.

f) Fikni zjarrin dhe shtoni mishin e pulës së skuqur duke i hedhur të lyhet me salcën. Hiqni xhenxhefilin dhe hidheni. Transferoni në një pjatë dhe zbukurojeni me qepët e prera në feta dhe farat e susamit.

52. Pulë e ëmbël dhe e tartë

PËRBËRËSIT:
- 2 lugë çaji niseshte misri dhe 2 lugë gjelle ujë
- 3 lugë vaj vegjetal, të ndarë
- 4 feta xhenxhefil të freskët të qëruar
- ¾ kile kofshët e pulës pa kocka, pa lëkurë, të prera në madhësinë e një kafshimi
- ½ spec i kuq zile, i prerë në copa ½ inç
- ½ piper zile jeshile, i prerë në copa ½ inç
- ½ qepë e verdhë, e prerë në copa ½ inç
- 1 (8 ons) kanaçe copa ananasi, të kulluara, lëngje të rezervuara
- 1 (4 ons) kanaçe gështenja uji të prerë në feta, të kulluara
- ¼ filxhan lëng pule me pak natrium
- 2 lugë sheqer kafe të hapur
- 2 lugë gjelle uthull molle
- 2 lugë ketchup
- 1 lugë çaji salcë Worcestershire
- 3 qepë, të prera hollë, për zbukurim

UDHËZIME:

a) Në një tas të vogël, përzieni së bashku niseshtën e misrit dhe ujin dhe lërini mënjanë.

b) Nxehni një wok mbi nxehtësinë mesatare-të lartë derisa një pikë uji të ziejë dhe të avullojë në kontakt. Hidhni në të 2 lugë vaj dhe rrotullojeni për të mbuluar bazën e wok-ut. Rregulloni vajin duke shtuar xhenxhefilin dhe pak kripë. Lëreni xhenxhefilin të ziejë në vaj për rreth 30 sekonda, duke e rrotulluar butësisht.

c) Shtoni pulën dhe ziejini kundër wok-ut për 2 deri në 3 minuta. Kthejeni dhe hidhni pulën, duke e trazuar për rreth 1 minutë më shumë, ose derisa të mos jetë më rozë. Transferoni në një tas dhe lëreni mënjanë.

d) Shtoni 1 lugë gjelle vaj të mbetur dhe rrotullojeni që të lyhet. Skuqini specat e kuq dhe jeshil dhe qepën për 3 deri në 4 minuta, derisa të jenë të buta dhe të tejdukshme. Shtoni ananasin dhe gështenjat me ujë dhe vazhdoni të skuqeni për një minutë tjetër. Shtoni perimet tek pula dhe lërini mënjanë.

e) Hidhni lëngun e rezervuar të ananasit, lëngun e pulës, sheqerin kaf, uthullën, ketchupin dhe salcën Worcestershire në wok dhe lëreni të ziejë. Mbajeni nxehtësinë në temperaturë mesatare dhe gatuajeni për rreth 4 minuta, derisa lëngu të pakësohet përgjysmë.

f) Kthejeni pulën dhe perimet në wok dhe hidhini të bashkohen me salcën. Lërini përzierjen e miellit të misrit dhe ujit të përzieni shpejt dhe shtojeni në wok. Hidheni dhe ktheni gjithçka përreth derisa niseshteja e misrit të fillojë të trashet salca, duke u bërë me shkëlqim.

g) Hidhni xhenxhefilin, vendoseni në një pjatë, zbukurojeni me qepë dhe shërbejeni të nxehtë.

53. Moo Goo Gai Pan

PËRBËRËSIT:
- 1 lugë gjelle salcë soje e lehtë
- 1 lugë gjelle verë orizi Shaoxing
- 2 lugë çaji vaj susami
- ¾ paund gjoks pule pa kocka, pa lëkurë, të prera në feta
- ½ filxhan lëng pule me pak natrium
- 2 lugë salcë perle
- 1 lugë çaji sheqer
- 1 lugë niseshte misri
- 3 lugë vaj vegjetal, të ndarë
- 4 feta xhenxhefil të freskët të qëruar
- 4 ons kërpudha të freskëta, të prera hollë
- 1 (4 ons) kanaçe bambuje të prera në feta, të kulluara
- 1 (4 ons) kanaçe gështenja uji të prerë në feta, të kulluara
- 1 thelpi hudhër, e grirë imët

UDHËZIME:

a) Në një tas të madh, përzieni sojen e lehtë, verën e orizit dhe vajin e susamit derisa të jenë të lëmuara. Shtoni pulën dhe hidheni në shtresë. Marinojini për 15 minuta.

b) Në një tas të vogël, përzieni lëngun e pulës, salcën e gocave deti, sheqerin dhe niseshte misri derisa të jenë të lëmuara dhe lërini mënjanë.

c) Nxehni një wok mbi nxehtësinë mesatare-të lartë derisa një pikë uji të ziejë dhe të avullojë në kontakt. Hidhni në të 2 lugë vaj vegjetal dhe rrotullojeni për të mbuluar bazën e wok-ut. Rregulloni vajin duke shtuar xhenxhefilin dhe një majë të vogël kripë. Lëreni xhenxhefilin të ziejë në vaj për rreth 30 sekonda, duke e rrotulluar butësisht.

d) Shtoni pulën dhe hidhni marinadën. Skuqeni për 2 deri në 3 minuta, derisa pula të mos jetë më rozë. Transferoni në një tas të pastër dhe lëreni mënjanë.

e) Shtoni edhe 1 lugë gjelle vaj vegjetal të mbetur. Skuqini kërpudhat për 3 deri në 4 minuta, duke i hedhur dhe kthyer shpejt. Sapo kërpudhat të thahen, ndaloni skuqjen dhe lërini kërpudhat të qëndrojnë kundër wok-ut të nxehtë për rreth një minutë.

f) Shtoni lastarët e bambusë, gështenjat e ujit dhe hudhrën. Skuqini për 1 minutë, ose derisa hudhra të jetë aromatik. Kthejeni pulën në wok dhe hidheni të bashkohet.

g) Përzieni salcën së bashku dhe shtoni në wok. Skuqeni dhe gatuajeni derisa salca të fillojë të ziejë, rreth 45 sekonda. Vazhdoni të hidhni dhe rrotulloni derisa salca të trashet dhe të bëhet me shkëlqim. Hiqni xhenxhefilin dhe hidheni.

54. Veza Foo Yong

PËRBËRËSIT:
- 5 vezë të mëdha, në temperaturë ambienti
- Kripë Kosher
- Piper i bardhë i bluar
- ½ filxhan tapa kërpudhash shiitake të prera hollë
- ½ filxhan bizele të ngrira, të shkrira
- 2 qepë, të grira
- 2 lugë çaji vaj susami
- ½ filxhan lëng pule me pak natrium
- 1½ lugë gjelle salcë goca deti
- 1 lugë gjelle verë orizi Shaoxing
- ½ lugë çaji sheqer
- 2 lugë salcë soje e lehtë
- 1 lugë niseshte misri
- 3 lugë vaj vegjetal
- Oriz i gatuar, për servirje

UDHËZIME:

a) Në një tas të madh, rrihni vezët me një majë kripë dhe piper të bardhë. Përzieni kërpudhat, bizelet, qepët dhe vajin e susamit. Le menjane.

b) Përgatitni salcën duke zier lëngun e pulës, salcën e gocave, verën e orizit dhe sheqerin në një tenxhere të vogël mbi nxehtësinë mesatare. Në një gotë të vogël matëse qelqi, rrihni sojën e lehtë dhe niseshtën e misrit derisa niseshteja të tretet plotësisht. Derdhni përzierjen e niseshtës së misrit në salcë duke e përzie vazhdimisht dhe gatuajeni për 3 deri në 4 minuta, derisa salca të bëhet aq e trashë sa të lyejë pjesën e pasme të lugës. Mbulojeni dhe lëreni mënjanë.

c) Nxehni një wok mbi nxehtësinë mesatare-të lartë derisa një pikë uji të ziejë dhe të avullojë në kontakt. Hidhni vajin vegjetal dhe rrotullojeni për të mbuluar bazën e wok-ut. Shtoni përzierjen e vezëve dhe gatuajeni, duke e rrotulluar dhe tundur wok derisa pjesa e poshtme të marrë ngjyrë të artë. Rrëshqitni omëletën nga tigani në një pjatë dhe kthejeni mbi wok ose kthejeni me një shpatull për të gatuar anën tjetër derisa të marrë ngjyrë të artë. Rrëshqitni omëletën në një pjatë servirjeje dhe shërbejeni mbi oriz të gatuar me një lugë salcë.

55. Stër-Fry vezë domate

PËRBËRËSIT:
- 4 vezë të mëdha, në temperaturë ambienti
- 1 lugë çaji verë orizi Shaoxing
- ½ lugë çaji vaj susami
- ½ lugë çaji kripë kosher
- Piper i zi i sapo bluar
- 3 lugë vaj vegjetal, të ndarë
- 2 feta xhenxhefili të freskët të qëruara, secila përafërsisht sa një e katërta
- 1 kile domate rrushi ose qershi
- 1 lugë çaji sheqer
- Oriz i gatuar ose petë, për servirje

UDHËZIME:

a) Në një tas të madh, rrihni vezët. Shtoni verën e orizit, vajin e susamit, kripën dhe pak piper dhe vazhdoni t'i përzieni derisa të kombinohen.

b) Nxehni një wok mbi nxehtësinë mesatare-të lartë derisa një pikë uji të ziejë dhe të avullojë në kontakt. Hidhni në të 2 lugë vaj vegjetal dhe rrotullojeni për të mbuluar bazën e wok-ut. Rrotulloni përzierjen e vezëve në wok të nxehtë. Rrotulloni dhe tundni vezët që të gatuhen. Transferoni vezët në një pjatë servirje kur sapo të jenë gatuar, por jo të thata. Tenda me petë për të mbajtur ngrohtë.

c) Shtoni pjesën e mbetur të 1 lugë gjelle vaj vegjetal në wok. Rregulloni vajin duke shtuar xhenxhefilin dhe pak kripë. Lëreni xhenxhefilin të ziejë në vaj për rreth 30 sekonda, duke e rrotulluar butësisht.

d) Hidhni domatet dhe sheqerin duke i trazuar që të lyhen me vaj. Mbulojeni dhe ziejini për rreth 5 minuta, duke i përzier herë pas here, derisa domatet të jenë të buta dhe të kenë lëshuar lëngjet e tyre. Hidhni fetat e xhenxhefilit dhe rregulloni domatet me kripë dhe piper.

e) Hidhni me lugë domatet mbi vezë dhe shërbejini sipër orizit të gatuar ose petë.

56. Karkaleca dhe vezë të fërguara

PËRBËRËSIT:
- 2 lugë gjelle kripë kosher, plus më shumë për erëza
- 2 luge sheqer
- 2 gota ujë të ftohtë
- 6 ons karkaleca të mesme (U41–50), të qëruara dhe të deveinuara
- 4 vezë të mëdha, në temperaturë ambienti
- ½ lugë çaji vaj susami
- Piper i zi i sapo bluar
- 2 lugë vaj vegjetal, të ndarë
- 2 feta xhenxhefili të freskët të qëruara, secila përafërsisht sa një e katërta
- 2 thelpinj hudhre, te prera holle
- 1 tufë qiqra, të prera në copa ½ inç

UDHËZIME:

a) Në një tas të madh, përzieni kripën dhe sheqerin në ujë derisa të treten. Shtoni karkalecat në shëllirë. Mbulojeni dhe vendoseni në frigorifer për 10 minuta.

b) Kullojini karkalecat në një kullesë dhe shpëlajini. Hidhni shëllirën. Përhapeni karkalecat në një fletë pjekje të veshur me peshqir letre dhe thajini.

c) Në një enë tjetër të madhe, rrihni vezët me vajin e susamit dhe pak kripë e piper derisa të bashkohen. Le menjane.

d) Nxehni një wok mbi nxehtësinë mesatare-të lartë derisa një pikë uji të ziejë dhe të avullojë në kontakt. Hidhni 1 lugë gjelle vaj vegjetal dhe rrotullojeni për të mbuluar bazën e wok-ut. Rregulloni vajin duke shtuar xhenxhefilin dhe pak kripë. Lëreni xhenxhefilin të ziejë në vaj për rreth 30 sekonda, duke e rrotulluar butësisht.

e) Shtoni hudhrën dhe skuqeni pak për t'i dhënë shije vajit, rreth 10 sekonda. Mos e lini hudhrën të skuqet ose të digjet. Shtoni karkalecat dhe skuqini për rreth 2 minuta, derisa të marrin ngjyrë rozë. Transferoni në një pjatë dhe hidhni xhenxhefilin.

f) Kthejeni wok-in në zjarr dhe shtoni 1 lugë gjelle vaj vegjetal të mbetur. Kur vaji të jetë i nxehtë, rrotulloni përzierjen e vezëve në wok. Rrotulloni dhe tundni vezët që të gatuhen. Shtoni qiqrat në tigan dhe vazhdoni zierjen derisa vezët të jenë zier por jo të thahen. Kthejini karkalecat në tigan dhe i hidhni të bashkohen. Transferoni në një pjatë për servirje.

57. Krem i shijshëm me vezë të zier me avull

PËRBËRËSIT:

- 4 vezë të mëdha, në temperaturë ambienti
- 1¾ filxhan lëng pule me pak natrium ose ujë të filtruar
- 2 lugë çaji verë orizi Shaoxing
- ½ lugë çaji kripë kosher
- 2 qepë, vetëm pjesa e gjelbër, e prerë në feta hollë
- 4 lugë çaji vaj susami

UDHËZIME:

a) Në një tas të madh, rrihni vezët. Shtoni lëngun e mishit dhe verën e orizit dhe rrihni për t'u bashkuar. Kullojeni përzierjen e vezëve përmes një sitë me rrjetë të imët të vendosur mbi një filxhan matës të lëngshëm për të hequr flluskat e ajrit. Hidheni përzierjen e vezëve në 4 (6 ons) ramekins. Me një thikë prerëse hidhni çdo flluskë në sipërfaqen e përzierjes së vezëve. I mbulojmë ramekinet me leter alumini.

b) Shpëlajeni shportën e avullit me bambu dhe kapakun e saj nën ujë të ftohtë dhe vendoseni në wok. Hidhni 2 inç ujë, ose derisa të vijë mbi buzën e poshtme të avullit me ¼ deri në ½ inç, por jo aq shumë sa të prekë fundin e koshit. Vendosini ramekinët në koshin e avullit. Mbulojeni me kapak.

c) Lëreni ujin të vlojë dhe më pas zvogëloni zjarrin në një zjarr të ulët. Ziejini në nxehtësi të ulët për rreth 10 minuta ose derisa vezët të jenë vendosur.

d) Hiqni me kujdes ramekinet nga tenxherja dhe zbukurojeni çdo krem me pak qepë dhe disa pika vaj susami. Shërbejeni menjëherë.

58. Krahë pule të skuqura kineze për të marrë me vete

PËRBËRËSIT:
- 10 krahë pule të plota, të lara dhe të thata
- ⅛ lugë çaji piper i zi
- ¼ lugë çaji piper i bardhë
- ¼ lugë çaji pluhur hudhër
- 1 lugë çaji kripë
- ½ lugë çaji sheqer
- 1 lugë gjelle salcë soje
- 1 lugë gjelle verë Shaoxing
- 1 lugë çaji vaj susami
- 1 vezë
- 1 lugë niseshte misri
- 2 luge miell
- vaj, për tiganisje

UDHËZIME:

a) Kombinoni të gjithë përbërësit (përveç vajit të skuqjes, natyrisht) në një tas të madh përzierjeje. Përziejini gjithçka derisa krahët të jenë të veshura mirë.

b) Lërini krahët të marinohen për 2 orë në temperaturën e dhomës ose në frigorifer gjatë natës për rezultate më të mira.

c) Pas marinimit, nëse duket sikur ka lëng në krahë, sigurohuni që t'i përzieni përsëri mirë. Krahët duhet të jenë të veshura mirë me një shtresë të hollë si brumë. Nëse ende duket shumë i holluar me ujë, shtoni pak niseshte misri dhe miell.

d) Mbushni një tenxhere të mesme rreth ⅔ me vaj dhe ngroheni në 325 gradë F.

e) Skuqini krahët në tufa të vogla për 5 minuta dhe hiqini në një tavë të veshur me peshqir letre. Pasi të jenë skuqur të gjithë krahët, kthejini në tufa në vaj dhe skuqini përsëri për 3 minuta.

f) Kullojeni në peshqir letre ose në një raft ftohës dhe shërbejeni me salcë të nxehtë!

59. Pulë me borzilok tajlandez

SHËRBON 4

PËRBËRËSIT:

- 3 deri në 4 lugë vaj
- 3 speca djegës zogu Thai ose Hollandez
- 3 qepe, të prera hollë
- 5 thelpinj hudhër, të prera në feta
- 1 kile pule e bluar
- 2 lugë çaji sheqer ose mjaltë
- 2 lugë salcë soje
- 1 lugë gjelle salcë peshku
- ⅓ filxhan supë pule me pak natrium ose ujë
- 1 tufë gjethe borziloku të shenjtë ose borziloku tajlandez

UDHËZIME:

a) Në një wok mbi zjarr të fortë, shtoni vajin, specat djegës, qepujt dhe hudhrat dhe skuqini për 1-2 minuta.

b) Shtoni pulën e bluar dhe skuqeni për 2 minuta, duke e ndarë pulën në copa të vogla.

c) Shtoni sheqerin, salcën e sojës dhe salcën e peshkut. E trazojmë për një minutë tjetër dhe e lyejmë tiganin me lëngun e mishit. Për shkak se tigani juaj është mbi nxehtësinë e lartë, lëngu duhet të zihet shumë shpejt.

d) Shtoni borzilokun dhe skuqeni derisa të thahet.

e) Shërbejeni mbi oriz.

60. Barku i derrit të pjekur

PËRBËRËSIT:
- 3/4 kilogramë bark derri pa dhjamë, me lëkurë
- 2 luge vaj
- 1 lugë gjelle sheqer (preferohet sheqer guri nëse e keni)
- 3 lugë verë Shaoxing
- 1 lugë gjelle salcë soje e zakonshme
- ½ lugë gjelle salcë soje e errët
- 2 gota ujë

UDHËZIME:

a) Filloni duke prerë barkun tuaj të derrit në copa të trasha ¾ inç.

b) Lëreni një tenxhere me ujë të vlojë. Zbardhni copat e barkut të derrit për disa minuta. Kjo largon papastërtitë dhe fillon procesin e gatimit. Nxirreni mishin e derrit nga tenxherja, shpëlajeni dhe lëreni mënjanë.

c) Në zjarr të ulët, shtoni vajin dhe sheqerin në wok-un tuaj. Shkrini pak sheqerin dhe shtoni mishin e derrit. Ngrini nxehtësinë në mesatare dhe gatuajeni derisa mishi i derrit të skuqet lehtë.

d) Uleni nxehtësinë përsëri në të ulët dhe shtoni verën e gatimit Shaoxing, salcën e zakonshme të sojës, salcën e errët të sojës dhe ujë.

e) Mbulojeni dhe ziejini për rreth 45 minuta deri në 1 orë derisa mishi i derrit të zbutet. Çdo 5-10 minuta, përzieni për të parandaluar djegien dhe shtoni më shumë ujë nëse thahet shumë.

f) Pasi mishi i derrit të jetë i butë, nëse ka ende shumë lëng të dukshëm, zbuloni wok-in, rrisni nxehtësinë dhe përziejeni vazhdimisht derisa salca të zvogëlohet në një shtresë shkëlqyese.

61. Stër-Fry domate dhe viçi

PËRBËRËSIT:

- ¾ paund biftek krahu ose fundi, i prerë kundër kokrrës në feta ¼ inç të trasha
- 1½ lugë niseshte misri, të ndarë
- 1 lugë gjelle verë orizi Shaoxing
- Kripë Kosher
- Piper i bardhë i bluar
- 1 lugë gjelle pastë domate
- 2 lugë salcë soje e lehtë
- 1 lugë çaji vaj susami
- 1 lugë çaji sheqer
- 2 lugë ujë
- 2 lugë vaj vegjetal
- 4 feta xhenxhefili të freskët të qëruara, secila përafërsisht sa një e katërta
- 1 qepe e madhe, e prerë në feta hollë
- 2 thelpinj hudhre, te grira holle
- 5 domate të mëdha, secila e prerë në 6 feta
- 2 qepë, pjesë të bardha dhe jeshile të ndara, të prera hollë

UDHËZIME:

a) Në një tas të vogël, përzieni viçin me 1 lugë gjelle niseshte misri, verë orizi dhe një majë të vogël kripë dhe piper të bardhë. Lëreni mënjanë për 10 minuta.

b) Në një tas tjetër të vogël, përzieni së bashku gjysmën e lugës së mbetur të niseshtës së misrit, pastën e domates, sojën e lehtë, vajin e susamit, sheqerin dhe ujin. Le menjane.

c) Nxehni një wok mbi nxehtësinë mesatare-të lartë derisa një pikë uji të ziejë dhe të avullojë në kontakt. Hidhni vajin vegjetal dhe rrotullojeni për të mbuluar bazën e wok-ut. Rregulloni vajin duke shtuar xhenxhefilin dhe pak kripë. Lëreni xhenxhefilin të ziejë në vaj për rreth 30 sekonda, duke e rrotulluar butësisht.

d) Transferoni viçin në wok dhe skuqeni për 3 deri në 4 minuta, derisa të mos jetë më rozë. Shtoni qepën dhe hudhrën dhe skuqini për 1 minutë. Shtoni domatet dhe të bardhat e qepës dhe vazhdoni ta skuqni.

e) Përzieni salcën dhe vazhdoni të skuqeni për 1 deri në 2 minuta, ose derisa mishi i viçit dhe domatet të jenë veshur dhe salca të jetë trashur pak.

f) Hidhni xhenxhefilin, transferojeni në një pjatë dhe zbukurojeni me zarzavate me qepë. Shërbejeni të nxehtë.

62. Mish viçi dhe brokoli

PËRBËRËSIT:

- ¾ paund biftek fundi, prerë në të gjithë kokërr në feta ¼ inç të trasha
- 1 lugë gjelle sodë buke
- 1 lugë niseshte misri
- 4 lugë ujë, të ndara
- 2 lugë salcë perle
- 2 lugë gjelle verë orizi Shaoxing
- 2 lugë çaji sheqer kafe të hapur
- 1 lugë gjelle salcë hoisin
- 2 lugë vaj vegjetal
- 4 feta xhenxhefili të freskët të qëruar, sa një çerek
- Kripë Kosher
- Brokoli 1 kile, i prerë në lule të vogla
- 2 thelpinj hudhre, te grira holle

UDHËZIME:

a) Në një tas të vogël, përzieni së bashku mishin e viçit dhe sodën e bukës për ta mbuluar. Lëreni mënjanë për 10 minuta. Shpëlajeni mishin jashtëzakonisht mirë dhe më pas thajeni me peshqir letre.

b) Në një enë tjetër të vogël, përzieni niseshtenë e misrit me 2 lugë gjelle ujë dhe përzieni me salcën e gocës së detit, verën e orizit, sheqerin kaf dhe salcën hoisin. Le menjane.

c) Nxehni një wok mbi nxehtësinë mesatare-të lartë derisa një pikë uji të ziejë dhe të avullojë në kontakt. Hidhni vajin dhe rrotullojeni për të mbuluar bazën e wok-ut. Rregulloni vajin duke shtuar xhenxhefilin dhe pak kripë. Lëreni xhenxhefilin të ziejë në vaj për rreth 30 sekonda, duke e rrotulluar butësisht. Shtoni mishin e viçit në wok dhe skuqeni për 3 deri në 4 minuta, derisa të mos jetë më rozë. Transferoni mishin në një tas dhe lëreni mënjanë.

d) Shtoni brokolin dhe hudhrën dhe skuqini për 1 minutë, më pas shtoni 2 lugët e mbetura ujë. Mbulojeni wok-in dhe ziejini brokolin në avull për 6 deri në 8 minuta, derisa të jetë i freskët dhe i butë.

e) Kthejeni viçin në wok dhe përzieni salcën për 2 deri në 3 minuta, derisa të mbulohet plotësisht dhe salca të jetë trashur pak. Hidhni xhenxhefilin, vendoseni në një pjatë dhe shërbejeni të nxehtë.

63. Piper i zi Mish Stir-Fry

PËRBËRËSIT:
- 1 lugë gjelle salcë gocë deti
- 1 lugë gjelle verë orizi Shaoxing
- 2 lugë çaji niseshte misri
- 2 lugë çaji salcë soje e lehtë
- Piper i bardhë i bluar
- ¼ lugë çaji sheqer
- ¾ paund maja për fileto viçi ose majat e filetove, të prera në copa 1 inç
- 3 lugë vaj vegjetal
- 3 feta xhenxhefili të freskët të qëruara, secila sa një e katërta
- Kripë Kosher
- 1 spec jeshil zile, i prerë në shirita ½ inç të gjerë
- 1 qepë e kuqe e vogël, e prerë hollë në rripa
- 1 lugë çaji piper i zi i sapo bluar, ose më shumë për shije
- 2 lugë çaji vaj susami

UDHËZIME:

a) Në një tas, përzieni së bashku salcën e gocave të detit, verën e orizit, niseshtenë e misrit, sojën e lehtë, një majë piper të bardhë dhe sheqerin. Hidheni mishin të lyhet dhe marinojini për 10 minuta.

b) Nxehni një wok mbi nxehtësinë mesatare-të lartë derisa një pikë uji të ziejë dhe të avullojë në kontakt. Hidhni vajin vegjetal dhe rrotullojeni për të mbuluar bazën e wok-ut. Shtoni xhenxhefilin dhe pak kripë. Lëreni xhenxhefilin të ziejë në vaj për rreth 30 sekonda, duke e rrotulluar butësisht.

c) Duke përdorur darë, transferojeni viçin në wok dhe hidhni çdo marinadë të mbetur. Ziejini kundër wok-ut për 1 deri në 2 minuta, ose derisa të krijohet një kore e skuqur kafe. Ktheni viçin dhe skuqeni nga ana tjetër, edhe 2 minuta të tjera. Skuqeni, hidheni dhe rrotulloni në wok për 1 deri në 2 minuta të tjera, më pas transferojeni viçin në një tas të pastër.

d) Shtoni piperin dhe qepën dhe skuqini për 2 deri në 3 minuta, ose derisa perimet të duken me shkëlqim dhe të butë. Kthejeni viçin në wok, shtoni piper të zi dhe përzieni së bashku për 1 minutë më shumë.

e) Hidhni xhenxhefilin, transferojeni në një pjatë dhe hidhni sipër vajin e susamit. Shërbejeni të nxehtë.

64. Mishi i susamit

PËRBËRËSIT:
- 1 lugë gjelle salcë soje e lehtë
- 2 lugë vaj susami, të ndara
- 2 lugë çaji niseshte misri, të ndara
- Varëse rrobash 1 kile, fund ose biftek i sheshtë hekuri, i prerë në shirita ¼ inç të trashë
- ½ filxhan lëng portokalli të freskët të shtrydhur
- ½ lugë çaji uthull orizi
- 1 lugë çaji sriracha (opsionale)
- 1 lugë çaji sheqer kafe të hapur
- Kripë Kosher
- Piper i zi i sapo bluar
- 3 lugë vaj vegjetal, të ndarë
- 4 feta xhenxhefili të freskët të qëruara, secila përafërsisht sa një e katërta
- 1 qepë e vogël e verdhë, e prerë hollë
- 3 thelpinj hudhre, te grira
- ½ lugë fara susami të bardhë, për zbukurim

UDHËZIME:

a) Në një tas të madh, përzieni së bashku sojën e lehtë, 1 lugë gjelle vaj susami dhe 1 lugë çaji niseshte misri derisa niseshteja të tretet. Shtoni mishin e viçit dhe hidheni të lyhet në marinadë. Lërini mënjanë të marinohen për 10 minuta ndërsa përgatitni salcën.

b) Në një gotë matëse, përzieni lëngun e portokallit, 1 lugë të mbetur vaj susami, uthull orizi, sriracha (nëse përdorni), sheqerin kaf, 1 lugë çaji niseshte misri të mbetur dhe nga një majë kripë dhe piper. E trazojmë derisa niseshteja e misrit të tretet dhe e lëmë mënjanë.

c) Nxehni një wok mbi nxehtësinë mesatare-të lartë derisa një pikë uji të ziejë dhe të avullojë në kontakt. Hidhni në të 2 lugë vaj vegjetal dhe rrotullojeni për të mbuluar bazën e wok-ut. Rregulloni vajin duke shtuar xhenxhefilin dhe pak kripë. Lëreni xhenxhefilin të ziejë në vaj për rreth 30 sekonda, duke e rrotulluar butësisht.

d) Duke përdorur darë, transferojeni viçin në wok dhe hidhni marinadën. Lërini pjesët të zihen në wok për 2 deri në 3 minuta.

Kthejeni për të skuqur nga ana tjetër për 1 deri në 2 minuta të tjera. Skuqeni duke e hedhur dhe rrotulluar shpejt në wok për 1 minutë më shumë. Transferoni në një tas të pastër.

e) Shtoni 1 lugë gjelle vaj vegjetal të mbetur dhe hidhni qepën. Skuqni shpejt, duke hedhur dhe rrotulluar qepën me një shpatull wok për 2 deri në 3 minuta, derisa qepa të duket e tejdukshme, por të jetë ende e fortë në strukturë. Shtoni hudhrën dhe skuqeni për 30 sekonda të tjera.

f) Rrotulloni salcën dhe vazhdoni të gatuani derisa salca të fillojë të trashet. Kthejeni viçin në wok, duke e hedhur dhe kthyer në mënyrë që viçi dhe qepa të lyhen me salcë. I rregullojmë sipas shijes me kripë dhe piper.

g) Transferoni në një pjatë, hidhni xhenxhefilin, spërkatni me farat e susamit dhe shërbejeni të nxehtë.

65. Mish viçi mongol

PËRBËRËSIT:
- 2 lugë gjelle verë orizi Shaoxing
- 1 lugë gjelle salcë soje të errët
- 1 lugë niseshte misri, e ndarë
- ¾ paund biftek, i prerë kundër kokrrës në feta ¼ inç të trasha
- ¼ filxhan lëng pule me pak natrium
- 1 lugë gjelle sheqer kafe të hapur
- 1 filxhan vaj vegjetal
- 4 ose 5 speca djegës të kuq të thatë kinezë
- 4 thelpinj hudhër, të prera në mënyrë të trashë
- 1 lugë çaji xhenxhefil të freskët të qëruar i grirë imët
- ½ qepë e verdhë, e prerë hollë
- 2 lugë gjelle cilantro të freskët të grirë në mënyrë të trashë

UDHËZIME:

a) Në një tas, përzieni verën e orizit, sojën e errët dhe 1 lugë gjelle niseshte misri. Shtoni biftekun e prerë në feta dhe hidheni të lyhet. Lëreni mënjanë dhe marinojini për 10 minuta.

b) Hidhni vajin në një wok dhe vendoseni në 375°F mbi nxehtësinë mesatare-të lartë. Mund të dalloni se vaji është në temperaturën e duhur kur zhytni fundin e një luge druri në vaj. Nëse vaji flluska dhe zihet rreth tij, vaji është gati.

c) Ngrini viçin nga marinada, duke e rezervuar marinadën. Shtoni mishin e viçit në vaj dhe skuqeni për 2 deri në 3 minuta, derisa të krijojë një kore të artë. Duke përdorur një shkumës wok, transferojeni viçin në një tas të pastër dhe lëreni mënjanë. Shtoni lëngun e pulës dhe sheqerin kaf në tasin e marinadës dhe përzieni që të bashkohen.

d) Hidhni të gjithë, përveç 1 lugë gjelle vaj nga wok dhe vendoseni në nxehtësi mesatare-të lartë. Shtoni specat djegës, hudhrën dhe xhenxhefilin. Lërini aromatikët të ziejnë në vaj për rreth 10 sekonda, duke i rrotulluar butësisht.

e) Shtoni qepën dhe skuqeni për 1 deri në 2 minuta, ose derisa qepa të jetë e butë dhe e tejdukshme. Shtoni përzierjen e lëngut të pulës dhe lëreni të bashkohet. Ziejini për rreth 2 minuta, më pas shtoni mishin e viçit dhe përzieni gjithçka së bashku për 30 sekonda të tjera.

f) Transferoni në një pjatë, zbukurojeni me cilantro dhe shërbejeni të nxehtë.

66. Mish viçi Sichuan me selino dhe karrota

PËRBËRËSIT:
- 2 lugë gjelle verë orizi Shaoxing
- 1 lugë gjelle salcë soje të errët
- 2 lugë çaji vaj susami
- ¾ paund biftek krahu ose skaji, i prerë kundër kokrrës
- 1 lugë gjelle salcë hoisin
- 2 lugë çaji salcë soje e lehtë
- 2 lugë niseshte misri, të ndara
- ¼ lugë çaji pluhur kinez me pesë erëza
- 1 lugë çaji piper sichuan, të grimcuar
- 4 feta xhenxhefil të freskët të qëruar
- 3 thelpinj hudhre, te shtypura lehte
- 2 kërcell selino, të prera në shirita 3 inç
- 1 karotë e madhe, e qëruar dhe e prerë në shirita 3 inç
- 2 qepë, të prera hollë

UDHËZIME:

a) Në një tas, përzieni verën e orizit, sojen e errët dhe vajin e susamit.

b) Shtoni mishin e viçit dhe hidheni të bashkohet. Lëreni mënjanë për 10 minuta.

c) Në një tas të vogël, kombinoni salcën hoisin, sojën e lehtë, ujin, 1 lugë gjelle niseshte misri dhe pesë erëza pluhur. Le menjane.

d) Nxehni një wok mbi nxehtësinë mesatare-të lartë derisa një pikë uji të ziejë dhe të avullojë në kontakt. Hidhni vajin vegjetal dhe rrotullojeni për të mbuluar bazën e wok-ut. Rregulloni vajin duke shtuar kokrrat e piperit, xhenxhefilin dhe hudhrën. Lërini aromatikët të ziejnë në vaj për rreth 10 sekonda, duke i rrotulluar butësisht.

e) Hidheni mishin e viçit në 1 lugë gjelle të mbetur me niseshte misri për t'u lyer, dhe shtoni në wok. Ziejeni viçin kundër anës së wok-ut për 1 deri në 2 minuta, ose derisa të zhvillohet një kore e skuqur në kafe të artë. Kthejeni dhe ziejini nga ana tjetër për një minutë tjetër. Hidheni dhe rrotulloni për rreth 2 minuta të tjera, derisa viçi të mos jetë më rozë.

f) Zhvendoseni viçin në anët e wok-ut dhe shtoni selinon dhe karotën në qendër. Skuqeni, hidhni dhe rrotulloni derisa perimet të jenë të buta, edhe 2 deri në 3 minuta të tjera. Përzieni përzierjen e salcës hoisin dhe derdhni në wok. Vazhdoni të skuqni, duke lyer mishin dhe perimet me salcë për 1 deri në 2 minuta, derisa salca të fillojë të trashet dhe të bëhet me shkëlqim. Hiqni xhenxhefilin dhe hudhrën dhe hidhni.

67. Kupat e marules së viçit Hoisin

PËRBËRËSIT:

- ¾ kile mish viçi të bluar
- 2 lugë çaji niseshte misri
- Kripë Kosher
- Piper i zi i sapo bluar
- 3 lugë vaj vegjetal, të ndarë
- 1 lugë gjelle xhenxhefil të qëruar i grirë hollë
- 2 thelpinj hudhre, te grira holle
- 1 karotë, e qëruar dhe e prerë
- 1 (4 ons) gështenja me ujë të prerë në kubikë, të kulluara dhe të shpëlarë
- 2 lugë salcë hoisin
- 3 qepë, pjesë të bardha dhe jeshile të ndara, të prera hollë
- 8 gjethe të gjera marule ajsberg (ose Bibb), të prera në gota të rrumbullakëta të rregullta

UDHËZIME:

a) Në një tas, spërkatni viçin me niseshte misri dhe një majë kripë e piper. Përziejini mirë që të bashkohen.

b) Nxehni një wok mbi nxehtësinë mesatare deri sa një rruazë uji të skuqet dhe të avullojë në kontakt. Hidhni në të 2 lugë vaj dhe rrotullojeni për të mbuluar bazën e wok-ut. Shtoni mishin e viçit dhe skuqeni nga të dyja anët, më pas hidheni dhe rrokullisni, duke e ndarë mishin në copa dhe grumbuj për 3 deri në 4 minuta, derisa viçi të mos jetë më rozë. Transferoni mishin në një tas të pastër dhe lëreni mënjanë.

c) Fshijeni wok-un dhe kthejeni në nxehtësi mesatare. Shtoni 1 lugë gjelle vaj të mbetur dhe skuqni shpejt xhenxhefilin dhe hudhrën me pak kripë. Sapo hudhra të jetë aromatik, hidhni karrotën dhe gështenjat me ujë për 2 deri në 3 minuta, derisa karota të bëhet e butë. Uleni nxehtësinë në mesatare, kthejeni viçin në wok dhe hidheni me salcën hoisin dhe të bardhët e qepës. Hidheni për t'u kombinuar, rreth 45 sekonda të tjera.

d) Përhapeni gjethet e marules, 2 për pjatë dhe ndajeni në mënyrë të barabartë përzierjen e viçit midis gjetheve të marules. Zbukuroni me zarzavate me qepë dhe hani si një taco të butë.

68. Copat e derrit të skuqura me qepë

PËRBËRËSIT:
- 4 bërxolla mish derri pa kocka
- 1 lugë gjelle verë Shaoxing
- ½ lugë çaji piper i zi i sapo bluar
- Kripë Kosher
- 3 gota vaj vegjetal
- 2 lugë niseshte misri
- 3 feta xhenxhefili të freskët të qëruara, secila sa një e katërta
- 1 qepë e verdhë mesatare, e prerë hollë
- 2 thelpinj hudhre, te grira holle
- 2 lugë salcë soje e lehtë
- 1 lugë çaji salcë soje e errët
- ½ lugë çaji uthull vere të kuqe
- Sheqeri

UDHËZIME:

a) Grini bërxollat e derrit me një çekiç mishi derisa të jenë ½ inç të trasha. Vendoseni në një tas dhe rregulloni me verën e orizit, piper dhe një majë të vogël kripë. Marinojini për 10 minuta.

b) Hidhni vajin në wok; vaji duhet të jetë rreth 1 deri në 1½ inç i thellë. Sillni vajin në 375°F mbi nxehtësinë mesatare-të lartë. Mund të dalloni se vaji është në temperaturën e duhur kur zhytni fundin e një luge druri në vaj. Nëse vaji flluska dhe zihet rreth tij, vaji është gati.

c) Duke punuar në 2 tufa, lyejini bërxollat me niseshte misri. Ulini butësisht një nga një në vaj dhe skuqini për 5 deri në 6 minuta, derisa të marrin ngjyrë të artë. Transferoni në një pjatë të veshur me peshqir letre.

d) Hidhni të gjithë, përveç 1 lugë gjelle vaj nga wok dhe vendoseni në nxehtësi mesatare-të lartë. Rregulloni vajin duke shtuar xhenxhefilin dhe pak kripë. Lëreni xhenxhefilin të ziejë në vaj për rreth 30 sekonda, duke e rrotulluar butësisht.

e) E trazojmë qepën për rreth 4 minuta, derisa të jetë e tejdukshme dhe e butë. Shtoni hudhrën dhe skuqeni për 30 sekonda të tjera, ose derisa të ketë aromë. Transferoni në pjatë me bërxollat e derrit.

f) Në wok, derdhni sojën e lehtë, sojën e errët, uthullën e verës së kuqe dhe një majë sheqer dhe përzieni për t'u kombinuar. Lëreni të ziejë dhe ktheni qepën dhe bërxollat e derrit në wok. Hidheni të kombinohen pasi salca fillon të trashet pak. Hiqni xhenxhefilin dhe hidheni. Transferoni në një pjatë dhe shërbejeni menjëherë.

69. Pesë erëza derri me Bok Choy

PËRBËRËSIT:

- 1 lugë gjelle salcë soje e lehtë
- 1 lugë gjelle verë orizi Shaoxing
- 1 lugë çaji pluhur kinez me pesë erëza
- 1 lugë çaji niseshte misri
- ½ lugë çaji sheqer kafe të hapur
- ¾ kile mish derri të bluar
- 2 lugë vaj vegjetal
- 2 thelpinj hudhër, të qëruara dhe të grira pak
- Kripë Kosher
- 2 deri në 3 koka bok choy, të prera në mënyrë tërthore në copa të madhësisë së kafshatës
- 1 karotë, e qëruar dhe e prerë
- Oriz i gatuar, për servirje

UDHËZIME:

a) Në një tas, përzieni së bashku sojën e lehtë, verën e orizit, pluhurin e pesë erëzave, niseshtenë e misrit dhe sheqerin kaf. Shtoni mishin e derrit dhe përzieni butësisht që të bashkohet. Lërini mënjanë të marinohen për 10 minuta.

b) Nxehni një wok mbi nxehtësinë mesatare-të lartë derisa një pikë uji të ziejë dhe të avullojë në kontakt. Hidhni vajin dhe rrotullojeni për të mbuluar bazën e wok-ut. Rregulloni vajin duke shtuar hudhrën dhe pak kripë. Lëreni hudhrën të ziejë në vaj për rreth 10 sekonda, duke e rrotulluar butësisht.

c) Shtoni mishin e derrit në wok dhe lëreni të zihet në muret e wok-ut për 1 deri në 2 minuta, ose derisa të zhvillohet një kore e artë. Kthejeni dhe ziejini nga ana tjetër për një minutë tjetër. Hidheni dhe rrokullisni për të skuqur mishin e derrit për 1 deri në 2 minuta të tjera, duke e copëtuar në copa dhe grumbuj derisa të mos jetë më rozë.

d) Shtoni bok choy-n dhe karotat dhe hidhini dhe rrokullisni për t'u kombinuar me mishin e derrit. Vazhdoni të skuqeni për 2 deri në 3 minuta, derisa karota dhe bok choy të jenë të buta. Transferoni në një pjatë dhe shërbejeni të nxehtë me oriz të zier në avull.

70. Hoisin Pork Stir-Fry

PËRBËRËSIT:

- 2 lugë çaji verë orizi Shaoxing
- 2 lugë çaji salcë soje e lehtë
- ½ lugë çaji pastë djegës
- ¾ kile mish derri pa kocka, të prera hollë në shirita julienne
- 2 lugë vaj vegjetal
- 4 feta xhenxhefili të freskët të qëruara, secila përafërsisht sa një e katërta
- Kripë Kosher
- 4 ons bizele bore, të prera hollë në diagonale
- 2 lugë salcë hoisin
- 1 lugë gjelle ujë

UDHËZIME:

a) Në një tas, përzieni së bashku verën e orizit, sojen e lehtë dhe pastën djegës. Shtoni mishin e derrit dhe hidheni në shtresë. Lërini mënjanë të marinohen për 10 minuta.

b) Nxehni një wok mbi nxehtësinë mesatare-të lartë derisa një pikë uji të ziejë dhe të avullojë në kontakt. Hidhni vajin dhe rrotullojeni për të mbuluar bazën e wok-ut. Rregulloni vajin duke shtuar xhenxhefilin dhe pak kripë. Lëreni xhenxhefilin të ziejë në vaj për rreth 30 sekonda, duke e rrotulluar butësisht.

c) Shtoni mishin e derrit dhe marinadën dhe skuqeni për 2 deri në 3 minuta, derisa të mos jetë më rozë. Shtoni bizelet e borës dhe skuqini për rreth 1 minutë, derisa të jenë të buta dhe të tejdukshme. Përzieni salcën hoisin dhe ujin për të liruar salcën. Vazhdoni të hidhni dhe rrokullisni për 30 sekonda, ose derisa salca të nxehet dhe mishi i derrit dhe bizelet e borës të jenë veshur.

d) Transferoni në një pjatë dhe shërbejeni të nxehtë.

71. Bark derri i gatuar dy herë

PËRBËRËSIT:
- 1 kile bark derri pa kocka
- ⅓ filxhan Salcë e fasules së zezë ose salcë fasule e zezë e blerë në dyqan
- 1 lugë gjelle verë orizi Shaoxing
- 1 lugë çaji salcë soje e errët
- ½ lugë çaji sheqer
- 2 lugë vaj vegjetal, të ndarë
- 4 feta xhenxhefil të freskët të qëruar
- Kripë Kosher
- 1 presh i përgjysmuar për së gjati dhe i prerë në diagonale
- ½ spec i kuq zile, i prerë në feta

UDHËZIME:

a) Në një tenxhere të madhe vendosni mishin e derrit dhe mbulojeni me ujë. E vëmë tiganin të vlojë dhe më pas e zvogëlojmë në zjarr të ngadaltë. Ziejini pa mbuluar për 30 minuta, ose derisa mishi i derrit të jetë i butë dhe i gatuar. Me një lugë të prerë, transferojeni mishin e derrit në një tas (hidhni lëngun e gatimit) dhe lëreni të ftohet.

b) Lëreni në frigorifer për disa orë ose gjatë natës. Pasi mishi i derrit të jetë ftohur, priteni hollë në feta ¼ inç të trasha dhe lëreni mënjanë. Lejimi i mishit të derrit të ftohet plotësisht përpara se ta presësh në feta do ta bëjë më të lehtë prerjen e hollë.

c) Në një gotë matëse, përzieni së bashku salcën e fasules së zezë, verën e orizit, sojen e errët dhe sheqerin dhe lërini mënjanë.

d) Nxehni një wok mbi nxehtësinë mesatare-të lartë derisa një pikë uji të ziejë dhe të avullojë në kontakt. Hidhni në të 1 lugë gjelle vaj dhe rrotullojeni për të mbuluar bazën e wok-ut. Rregulloni vajin duke shtuar xhenxhefilin dhe pak kripë. Lëreni xhenxhefilin të ziejë në vaj për rreth 30 sekonda, duke e rrotulluar butësisht.

e) Duke punuar në tufa, transferoni gjysmën e mishit të derrit në wok. Lërini pjesët të zihen në wok për 2 deri në 3 minuta. Rrokullisni për të skuqur nga ana tjetër për 1 deri në 2 minuta të tjera, derisa mishi i derrit të fillojë të përkulet. Transferoni në një tas të pastër. Përsëriteni me pjesën e mbetur të derrit.

f) Shtoni 1 lugë vaj të mbetur. Shtoni preshin dhe piperin e kuq dhe skuqeni për 1 minutë, derisa preshi të jetë i butë. Rrotulloni salcën dhe skuqeni derisa të ketë aromë. Kthejeni mishin e derrit në tigan dhe vazhdoni të skuqeni për 2 deri në 3 minuta të tjera, derisa gjithçka të jetë gatuar. Hidhni fetat e xhenxhefilit dhe transferojini në një pjatë servirjeje.

72. Mish derri Mu Shu me petullat me tigan

PËRBËRËSIT:
Për petullat
- 1¾ filxhan miell për të gjitha përdorimet
- ¾ filxhan ujë të vluar
- Kripë Kosher
- 3 lugë vaj susami

Për mishin e derrit mu Shu
- 2 lugë salcë soje e lehtë
- 1 lugë çaji niseshte misri
- 1 lugë çaji verë orizi Shaoxing
- Piper i bardhë i bluar
- ¾ paund mish derri pa kocka, i prerë në feta kundër kokrrës
- 3 lugë vaj vegjetal
- 2 lugë çaji xhenxhefil të freskët të qëruar i grirë imët
- 1 karotë e madhe, e qëruar dhe e prerë hollë në gjatësi 3 inç
- 6 deri në 8 kërpudha veshi të freskëta druri, të prera në shirita julienne
- ½ lakër jeshile me kokë të vogël, të grirë
- 2 qepë, të prera në gjatësi ½ inç
- 1 kanaçe (4 ons) fidane bambuje të prera në feta, të kulluara dhe të lënguara
- ¼ filxhan salcë kumbulle, për servirje

UDHËZIME:
Për të bërë petullat

a) Në një tas të madh përzierjeje, duke përdorur një lugë druri, përzieni miellin, ujin e vluar dhe pak kripë. I përziejmë të gjitha derisa të bëhet një brumë i ashpër. Transferoni brumin në një dërrasë prerëse të lyer me miell dhe gatuajeni me dorë për rreth 4 minuta, ose derisa të jetë homogjen. Brumi do të jetë i nxehtë, prandaj vishni doreza të disponueshme për të mbrojtur duart. E kthejmë brumin në tas dhe e mbulojmë me mbështjellës plastik. Lëreni të pushojë për 30 minuta.

b) Formoni brumin në një trung 12 inç të gjatë duke e rrotulluar me duar. Pritini trungun në 12 pjesë të barabarta, duke mbajtur formën e rrumbullakët për të krijuar medaljone. Rrafshoni medaljonet me pëllëmbët dhe lyejini sipër me vaj susami. Shtypni anët e lyera me vaj së bashku, për të krijuar 6 pirgje me copa brumi të dyfishuara.

c) Rrokullisni çdo pirg në një fletë të hollë, të rrumbullakët, 7 deri në 8 inç në diametër. Është më mirë të vazhdoni ta ktheni petullën gjatë rrotullimit, për të arritur një hollësi të barabartë për të dyja anët.

d) Nxehni një tigan prej gize në nxehtësi mesatare në të lartë dhe ziejini petullat një nga një për rreth 1 minutë nga ana e parë, derisa të bëhet paksa e tejdukshme dhe të fillojë të skuqet. Kthejeni për të gatuar nga ana tjetër, edhe 30 sekonda. Transferoni petullën në një pjatë të veshur me një peshqir kuzhine dhe largojini me kujdes dy petullat.

Për të bërë mish derri mu Shu

e) Në një tas, përzieni sojën e lehtë, niseshtën e misrit, verën e orizit dhe një majë piper të bardhë. Shtoni mishin e derrit të prerë në feta dhe hidheni të lyhet dhe marinojini për 10 minuta.

f) Nxehni një wok mbi nxehtësinë mesatare-të lartë derisa një pikë uji të ziejë dhe të avullojë në kontakt. Hidhni vajin vegjetal dhe rrotolojeni për të mbuluar bazën e wok-ut. Rregulloni vajin duke shtuar xhenxhefilin dhe pak kripë. Lëreni xhenxhefilin të ziejë në vaj për rreth 10 sekonda, duke e rrotulluar butësisht.

g) Shtoni mishin e derrit dhe skuqeni për 1 deri në 2 minuta, derisa të mos jetë më rozë. Shtoni karrotën dhe kërpudhat dhe vazhdoni të skuqeni për 2 minuta të tjera, ose derisa karota të zbutet. Shtoni lakrën, qepët dhe fidanet e bambusë dhe skuqeni për një minutë tjetër, ose derisa të nxehen. Transferoni në një tas dhe shërbejeni duke hedhur me lugë mbushjen e derrit në qendër të një petulle dhe duke e mbushur me salcë kumbulle.

73. Këmbë derri me salcë fasule të zezë

PËRBËRËSIT:

- 1 kile brinjë rezervë derri, të prera në mënyrë tërthore në shirita 1½ inç të gjerë
- ¼ lugë çaji piper i bardhë i bluar
- 2 lugë salcë fasule të zezë ose salcë fasule të zezë të blerë në dyqan
- 1 lugë gjelle verë orizi Shaoxing
- 1 lugë gjelle vaj vegjetal
- 2 lugë çaji niseshte misri
- ½ inç copë xhenxhefil të freskët, të qëruar dhe të grirë imët
- 2 thelpinj hudhre, te grira holle
- 1 lugë çaji vaj susami
- 2 qepë, të prera hollë

UDHËZIME:

a) Pritini në feta midis brinjëve për t'i ndarë në brinjë sa një kafshatë. Në një tas të cekët, rezistent ndaj nxehtësisë, bashkoni brinjët dhe piperin e bardhë. Shtoni salcën e fasules së zezë, verën e orizit, vajin vegjetal, niseshtenë e misrit, xhenxhefilin dhe hudhrën dhe i hidhni për t'u kombinuar, duke u siguruar që rripat të jenë të veshura të gjitha. Marinojini për 10 minuta.

b) Shpëlajeni shportën e avullit me bambu dhe kapakun e saj nën ujë të ftohtë dhe vendoseni në wok. Hidhni 2 inç ujë, ose derisa të vijë sipër buzës së poshtme të avullit me rreth ¼ deri në ½ inç, por jo aq shumë sa të prekë fundin e koshit. Vendoseni tasin me brinjët në koshin e avullit dhe mbulojeni.

c) Kthejeni nxehtësinë në të lartë për të vluar ujin, më pas uleni zjarrin në mesatare-të lartë. Ziejini me avull mbi nxehtësi mesatare-të lartë për 20 deri në 22 minuta, ose derisa rrudhat të mos jenë më rozë. Mund t'ju duhet të rimbusni ujin, kështu që vazhdoni të kontrolloni për t'u siguruar që të mos vlojë në wok.

d) Hiqeni tasin me kujdes nga koshi i avullit. I lyejmë brinjët me vaj susami dhe i zbukurojmë me qepë. Shërbejeni menjëherë.

74. Qengji mongolisht i skuqur

PËRBËRËSIT:
- 2 lugë gjelle verë orizi Shaoxing
- 1 lugë gjelle salcë soje të errët
- 3 thelpinj hudhre, te grira
- 2 lugë çaji niseshte misri
- 1 lugë çaji vaj susami
- 1 kile këmbë qengji pa kocka, e prerë në feta ¼ inç të trasha
- 3 lugë vaj vegjetal, të ndarë
- 4 feta xhenxhefili të freskët të qëruara, secila përafërsisht sa një e katërta
- 2 speca djegës të kuq të thatë të plotë (opsionale)
- Kripë Kosher
- 4 qepë, të prera në copa 3 inç të gjata, më pas të prera hollë për së gjati

UDHËZIME:

a) Në një tas të madh, përzieni së bashku verën e orizit, sojen e errët, hudhrën, niseshtën e misrit dhe vajin e susamit. Shtoni qengjin në marinadë dhe hidheni të lyhet. Marinojini për 10 minuta.

b) Nxehni një wok mbi nxehtësinë mesatare-të lartë derisa një pikë uji të ziejë dhe të avullojë në kontakt. Hidhni në të 2 lugë vaj vegjetal dhe rrotullojeni për të mbuluar bazën e wok-ut. Rregulloni vajin duke shtuar xhenxhefilin, specin djegës (nëse përdorni) dhe pak kripë. Lërini aromatikët të ziejnë në vaj për rreth 30 sekonda, duke i rrotulluar butësisht.

c) Duke përdorur darë, hiqni gjysmën e qengjit nga marinada, duke e tundur pak që të pikojë teprica. Rezervoni marinadën. Ziejini në wok për 2 deri në 3 minuta. Kthejeni për të skuqur nga ana tjetër për 1 deri në 2 minuta të tjera. Skuqeni duke e hedhur dhe rrotulluar shpejt në wok për 1 minutë më shumë. Transferoni në një tas të pastër. Shtoni edhe 1 lugë gjelle vaj vegjetal të mbetur dhe përsëriteni me pjesën e mbetur të qengjit.

d) Kthejeni të gjithë mishin e qengjit dhe marinadën e rezervuar në wok dhe hidhni në të qepët. E trazojmë për 1 minutë tjetër, ose derisa qengji të jetë gatuar dhe marinata të kthehet në një salcë me shkëlqim.

e) Transferoni në një pjatë servirjeje, hidhni xhenxhefilin dhe shërbejeni të nxehtë.

75. Qengji me erëza qimnon

PËRBËRËSIT:

- ¾ kile këmbë qengji pa kocka, e prerë në copa 1 inç
- 1 lugë gjelle salcë soje e lehtë
- 1 lugë gjelle verë orizi Shaoxing
- Kripë Kosher
- 2 lugë qimnon të bluar
- 1 lugë çaji piper sichuan, të grimcuar
- ½ lugë çaji sheqer
- 3 lugë vaj vegjetal, të ndarë
- 4 feta xhenxhefili të freskët të qëruara, secila përafërsisht sa një e katërta
- 2 lugë niseshte misri
- ½ qepë e verdhë, e prerë për së gjati në rripa
- 6 deri në 8 speca djegës të thatë kinezë (opsionale)
- 4 thelpinj hudhre, te prera holle
- ½ tufë cilantro e freskët, e grirë trashë

UDHËZIME:

a) Në një tas, kombinoni mishin e qengjit, sojën e lehtë, verën e orizit dhe një majë të vogël kripë. Hidheni të lyhen dhe marinohen për 15 minuta, ose gjatë natës në frigorifer.

b) Në një enë tjetër, përzieni së bashku qimnonin, kokrrat e piperit Sichuan dhe sheqerin. Le menjane.

c) Nxehni një wok mbi nxehtësinë mesatare-të lartë derisa një pikë uji të ziejë dhe të avullojë në kontakt. Hidhni në të 2 lugë vaj dhe rrotullojeni për të mbuluar bazën e wok-ut. Rregulloni vajin duke shtuar xhenxhefilin dhe pak kripë. Lëreni xhenxhefilin të ziejë në vaj për rreth 30 sekonda, duke e rrotulluar butësisht.

d) Hidhni copat e qengjit me niseshte misri dhe shtoni në wok të nxehtë. Ziejeni qengjin për 2 deri në 3 minuta nga çdo anë dhe më pas skuqeni për 1 ose 2 minuta të tjera, duke e hedhur dhe rrotulluar rreth wok-ut. Transferoni qengjin në një tas të pastër dhe lëreni mënjanë.

e) Shtoni 1 lugë gjelle vaj të mbetur dhe rrotullojeni për të mbuluar wok-un. Hidhni qepën dhe specat djegës (nëse përdorni) dhe skuqini për 3 deri në 4 minuta, ose derisa qepa të fillojë të duket me shkëlqim, por jo e çalë. Spërkateni lehtë me një majë të vogël kripë. Hidhni përzierjen e hudhrës dhe erëzave dhe vazhdoni ta skuqni për një minutë tjetër.

f) Kthejeni qengjin në wok dhe lëreni të bashkohet për 1 deri në 2 minuta më shumë. Transferoni në një pjatë, hidhni xhenxhefilin dhe zbukurojeni me cilantro.

76. Qengji me xhenxhefil dhe presh

PËRBËRËSIT:

- ¾ kile këmbë qengji pa kocka, e prerë në 3 copa, më pas e prerë hollë nëpër kokërr
- Kripë Kosher
- 2 lugë gjelle verë orizi Shaoxing
- 1 lugë gjelle salcë soje të errët
- 1 lugë gjelle salcë soje e lehtë
- 1 lugë çaji salcë goca deti
- 1 lugë çaji mjaltë
- 1 deri në 2 lugë çaji vaj susami
- ½ lugë çaji kokrra piper të bluar Sichuan
- 2 lugë çaji niseshte misri
- 2 lugë vaj vegjetal
- 1 lugë gjelle xhenxhefil të freskët të qëruar dhe të grirë imët
- 2 presh të prera dhe të prera hollë
- 4 thelpinj hudhre, te grira holle

UDHËZIME:

a) Në një tas përziejeni mishin e qengjit me 1 deri në 2 majë kripë. Hidheni në shtresë dhe lëreni mënjanë për 10 minuta. Në një tas të vogël, përzieni së bashku verën e orizit, sojën e errët, sojën e lehtë, salcën e gocave deti, mjaltin, vajin e susamit, piperin Sichuan dhe niseshte misri. Le menjane.

b) Nxehni një wok mbi nxehtësinë mesatare-të lartë derisa një pikë uji të ziejë dhe të avullojë në kontakt. Hidhni vajin vegjetal dhe rrotullojeni për të mbuluar bazën e wok-ut. Rregulloni vajin duke shtuar xhenxhefilin dhe pak kripë. Lëreni xhenxhefilin të ziejë në vaj për rreth 10 sekonda, duke e rrotulluar butësisht.

c) Shtoni mishin e qengjit dhe ziejini për 1 deri në 2 minuta, më pas filloni të skuqeni, duke i hedhur dhe rrotulluar për 2 minuta të tjera, ose derisa të mos jetë më rozë. Transferoni në një tas të pastër dhe lëreni mënjanë.

d) Shtoni preshin dhe hudhrat dhe skuqini për 1 deri në 2 minuta, ose derisa preshi të jetë i gjelbër i ndezur dhe i butë. Transferoni në tasin e qengjit.

e) Hidhni përzierjen e salcës dhe ziejini për 3 deri në 4 minuta, derisa salca të zvogëlohet përgjysmë dhe të marrë shkëlqim. Kthejeni mishin e qengjit dhe perimet në wok dhe hidhini të bashkohen me salcën.

f) Transferoni në një pjatë dhe shërbejeni të nxehtë.

77. Mish borziloku tajlandez

PËRBËRËSIT:
- 2 luge vaj
- 12 ons viçi, i prerë hollë kundër kokrrës
- 5 thelpi hudhër, të prera
- ½ e një speci të kuq zile, të prerë në feta hollë
- 1 qepë e vogël, e prerë hollë
- 2 lugë çaji salcë soje
- 1 lugë çaji salcë soje e errët
- 1 lugë çaji salcë goca deti
- 1 lugë gjelle salcë peshku
- ½ lugë çaji sheqer
- 1 filxhan gjethe borziloku tajlandez, të paketuara
- Cilantro, për të zbukuruar

UDHËZIME:

a) Ngrohni wok-in tuaj në zjarr të lartë dhe shtoni vajin. Ziejeni mishin derisa të skuqet. Hiqeni nga wok dhe lëreni mënjanë.

b) Shtoni hudhrën dhe specin e kuq në wok dhe skuqeni për rreth 20 sekonda.

c) Shtoni qepët dhe skuqini derisa të skuqen dhe të karamelizohen pak.

d) Hidheni përsëri mishin e viçit, së bashku me salcën e sojës, salcën e sojës së errët, salcën e gocave deti, salcën e peshkut dhe sheqerin.

e) Skuqeni për disa sekonda të tjera dhe më pas vendosni borzilokun tajlandez derisa të jetë tharë.

f) Shërbejeni me oriz jasemini dhe zbukurojeni me cilantro.

78. Mish derri BBQ kinez

SHËRBON 8

PËRBËRËSIT:
- 3 paund (1,4 kg) shpatull derri/ prapanicë derri (zgjidhni një prerje me pak yndyrë të mirë mbi të)
- ¼ filxhan (50 g) sheqer
- 2 lugë çaji kripë
- ½ lugë çaji pluhur me pesë erëza
- ¼ lugë çaji piper i bardhë
- ½ lugë çaji vaj susami
- 1 lugë gjelle verë Shaoxing ose
- Verë kineze e kumbullës
- 1 lugë gjelle salcë soje
- 1 lugë gjelle salcë hoisin
- 2 lugë çaji melasë
- 3 thelpinj hudhra te grira holle
- 2 lugë maltozë ose mjaltë
- 1 lugë gjelle ujë të nxehtë

UDHËZIME:

a) Pritini mishin e derrit në shirita ose copa të gjata rreth 3 inç të trasha. Mos e shkurtoni yndyrën e tepërt, pasi ajo do të largohet dhe do të shtojë aromë.

b) Kombinoni sheqerin, kripën, pluhurin e pesë erëzave, piperin e bardhë, vajin e susamit, verën, salcën e sojës, salcën hoisin, melasën, ngjyrën ushqimore (nëse përdorni) dhe hudhrën në një tas për të bërë marinadën.

c) Rezervoni rreth 2 lugë gjelle marinadë dhe lëreni mënjanë. Fërkojeni mishin e derrit me pjesën tjetër të marinadës në një tas të madh ose enë pjekjeje. Mbulojeni dhe vendoseni në frigorifer gjatë natës, ose të paktën 8 orë. Mbulojeni dhe ruajeni marinadën e rezervuar edhe në frigorifer.

d) Ngrohni furrën tuaj në cilësinë më të lartë (475-550 gradë F ose 250-290 gradë C) me një raft të vendosur në të tretën e sipërme të furrës. Rreshtoni një tepsi me fletë metalike dhe vendosni një raft metalik sipër. Vendoseni mishin e derrit në raft, duke lënë sa më shumë hapësirë midis copave. Hidhni 1 ½ filxhan ujë në tiganin poshtë raftit. Kjo parandalon djegien ose pirjen e çdo pikimi.

e) Transferoni mishin e derrit në furrën tuaj të parangrohur dhe piqini për 25 minuta. Pas 25 minutash, kthejeni mishin e derrit. Nëse fundi i tiganit është tharë, shtoni një filxhan tjetër ujë. Kthejeni tiganin 180 gradë për të siguruar pjekje të njëtrajtshme. Pjekim edhe 15 minuta të tjera.

f) Ndërkohë, bashkoni marinadën e rezervuar me maltozën ose mjaltin dhe 1 lugë gjelle ujë të nxehtë.

g) Pas 40 minutash, pastroni mishin e derrit, kthejeni atë dhe lëreni edhe anën tjetër. Pjekim për 10 minutat e fundit.

h) Pas 50 minutash, mishi i derrit duhet të gatuhet dhe të karamelizohet sipër. Nëse nuk është karamelizuar sipas dëshirës suaj, mund ta ndizni broilerin për disa minuta që të skuqet nga jashtë dhe të shtoni pak ngjyrë/shije.

79. Simite derri BBQ të ziera në avull

BËN 10 buns
PËRBËRËSIT:
Për brumin e simiteve të zier me avull:
- 1 lugë çaji maja e thatë aktive
- ¾ filxhan ujë të ngrohtë
- 2 gota miell për të gjitha përdorimet
- 1 filxhan niseshte misri
- 5 lugë sheqer
- ¼ filxhan kanola ose vaj vegjetal
- 2½ lugë çaji pluhur pjekjeje

Për mbushjen:
- 1 luge vaj
- ⅓ filxhan qepe të grira hollë ose qepë të kuqe
- 1 luge sheqer
- 1 lugë gjelle salcë soje e lehtë
- 1½ lugë gjelle salcë goca deti
- 2 lugë çaji vaj susami
- 2 lugë çaji salcë soje të errët
- ½ filxhan lëng pule
- 2 lugë miell për të gjitha përdorimet
- 1½ filxhan mish derri kinez të prerë në kubikë

UDHËZIME:

a) Në tasin e një mikser elektrik të pajisur me një shtojcë grepi brumi (mund të përdorni gjithashtu një tas të zakonshëm përzierës dhe ta gatuani me dorë), shpërndani 1 lugë çaji maja të thatë aktive në ¾ filxhan me ujë të ngrohtë. Shosh miellin dhe niseshtenë e misrit dhe e shtojmë në masën e majave së bashku me sheqerin dhe vajin.

b) Ndezni mikserin në nivelin më të ulët dhe lëreni të shkojë derisa të formohet një top i butë brumi. Mbulojeni me një leckë të lagur dhe lëreni të pushojë për 2 orë. (Do të shtoni pluhurin për pjekje më vonë!)

c) Ndërsa brumi pushon, bëni mbushjen e mishit. Nxehni 1 lugë gjelle vaj në një wok mbi nxehtësinë mesatare të lartë. Shtoni qepët/qepët dhe skuqini për 1 minutë. Uleni nxehtësinë në mesatare-të ulët dhe shtoni sheqerin, salcën e sojës së lehtë, salcën e gocave deti, vajin e susamit dhe salcën e sojës së errët. Përziejini dhe gatuajeni derisa masa të fillojë të fryjë. Shtoni lëngun e pulës dhe miellin duke i zier për 3 minuta derisa të trashet. Hiqeni nga zjarri dhe përzieni mishin e derrit të pjekur. Lëreni mënjanë të ftohet. Nëse e bëni mbushjen para kohe, mbulojeni dhe vendoseni në frigorifer që të mos thahet.

d) Pasi brumi juaj të ketë pushuar për 2 orë, shtoni pluhurin për pjekje në brumë dhe ndizni mikserin në nivelin më të ulët. Në këtë pikë, nëse brumi duket i thatë ose keni probleme me futjen e pluhurit për pjekje, shtoni 1-2 lugë çaji ujë. Ziejeni brumin butësisht derisa të bëhet përsëri i butë. Mbulojeni me një leckë të lagur dhe lëreni të pushojë për 15 minuta të tjera. Ndërkohë, merrni një copë të madhe letre pergamene dhe priteni në katrorë dhjetë x 4 inç. Përgatitni avulloren tuaj duke e çuar ujin në valë.

e) Tani jemi gati të mbledhim simitet: brumin e rrotullojmë në një tub të gjatë dhe e ndajmë në 10 pjesë të barabarta. Shtypni secilën pjesë të brumit në një disk me diametër rreth 4½ inç (duhet të jetë më i trashë në qendër dhe më i hollë rreth skajeve). Shtoni pak mbushje dhe palosini simitet derisa të mbyllen sipër.

f) Vendoseni çdo simite në një katror letre pergamene dhe ziejini me avull. I gatuaj simitet në avull në dy tufa të veçanta duke përdorur një bambu në avull.

g) Sapo uji të vlojë, vendosini simitet në avull dhe ziejini secilën tufë me avull për 12 minuta në zjarr të lartë.

80. Bark derri i pjekur kantonez

SHERBET 6-8
PËRBËRËSIT:
- 3 paund pllakë barku derri, lëkurë në
- 2 lugë çaji verë Shaoxing
- 2 lugë çaji kripë
- 1 lugë çaji sheqer
- ½ lugë çaji pluhur me pesë erëza
- ¼ lugë çaji piper i bardhë
- 1½ lugë çaji uthull vere orizi
- ½ filxhan kripë deti të trashë

UDHËZIME:

a) Shpëlajeni barkun e derrit dhe thajeni. Vendoseni në një tabaka me anën e lëkurës poshtë dhe fërkojeni verën Shaoxing në mish (jo në lëkurë). Përziejini së bashku kripën, sheqerin,

b) pesë erëza pluhur dhe piper të bardhë. Fërkojeni tërësisht këtë përzierje erëzash edhe në mish. Kthejeni mishin përmbys në mënyrë që të jetë nga ana e lëkurës lart.

c) Pra, për të bërë hapin tjetër, në fakt ekziston një mjet i veçantë që përdorin restorantet, por ne thjesht përdorëm një hell metalik të mprehtë. Hapni në mënyrë sistematike vrima në të gjithë lëkurën, gjë që do ta ndihmojë lëkurën të bëhet e freskët, në vend që të mbetet e lëmuar dhe e lëmuar. Sa më shumë vrima të ketë, aq më mirë. Gjithashtu sigurohuni që ato të shkojnë mjaft thellë. Ndaloni pak mbi shtresën yndyrore poshtë.

d) Lëreni barkun e derrit të thahet në frigorifer pa mbuluar, për 12-24 orë.

e) Ngrohni furrën në 375 gradë F. Vendosni një copë të madhe letër alumini (folja e rëndë funksionon më mirë) në një tepsi dhe palosni anët rreth mishit të derrit fort, në mënyrë që të krijoni një lloj kutie rreth tij. , me një kufi 1 inç të lartë që rrotullohet rreth anëve.

f) Lyejeni uthullën e verës së orizit sipër lëkurës së derrit. Paketoni kripën e detit në një shtresë të barabartë mbi lëkurë, në mënyrë që mishi i derrit të mbulohet plotësisht. E vendosim në furrë dhe e pjekim për 1 orë e 30 minuta. Nëse barku juaj i derrit e ka ende brinjën të ngjitur, piqni për 1 orë e 45 minuta.

g) Nxirreni mishin e derrit nga furra, ndizni broilerin në nivelin më të ulët dhe vendoseni raftin e furrës në pozicionin më të ulët. Hiqni shtresën e sipërme të kripës së detit nga barku i derrit, shpalosni letrën dhe vendosni një raft pjekjeje në tigan. Vendoseni barkun e derrit në raft dhe vendoseni përsëri nën brojler që të skuqet. Kjo duhet të zgjasë 10-15 minuta.

h) Kur lëkura të jetë fryrë dhe të jetë bërë krokante, hiqeni nga furra. Lëreni të pushojë për rreth 15 minuta. Pritini dhe shërbejeni!

81. Supë me petë me kerri kokosi

PËRBËRËSIT:

- 2 luge vaj
- 3 thelpinj hudhër, të prera
- 1 lugë gjelle xhenxhefil të freskët, të grirë
- 3 lugë pastë me karri të kuqe Thai
- 8 ons gjoks ose kofshë pule pa kocka, të prera në feta
- 4 gota lëng pule
- 1 gotë ujë
- 2 lugë salcë peshku
- ⅔ filxhan qumësht kokosi
- 6 ons petë me vermiçeli të thatë orizi
- 1 lime, me lëng

UDHËZIME:

a) Qepë të kuqe të prerë në feta, djegës të kuq, cilantro, qepë për zbukurim

b) Në një tenxhere të madhe mbi nxehtësinë mesatare, shtoni vajin, hudhrën, xhenxhefilin dhe pastën e karit të kuq Thai. Skuqini për 5 minuta, derisa të marrin aromë.

c) Shtoni pulën dhe gatuajeni për disa minuta, vetëm derisa pula të bëhet e errët.

d) Shtoni lëngun e pulës, ujin, salcën e peshkut dhe qumështin e kokosit. Lëreni të vlojë.

e) Në këtë pikë, shijoni lëngun për kripë dhe rregulloni erëzat në përputhje me rrethanat.

f) Hidheni supën e zier mbi petët e thara të vermiçelit në tasat tuaja për servirje, shtoni një shtrydhje me lëng lime dhe garniturat tuaja dhe shërbejeni. Petët do të jenë gati për t'u ngrënë për disa minuta.

82. Supë pikante me petë viçi

PËRBËRËSIT:
- 16 gota ujë të ftohtë
- 6 feta xhenxhefil
- 3 qepë të lara dhe të prera në gjysmë
- ¼ filxhan verë Shaoxing
- 3 paund. copë viçi, prerë në copa 1½ inç
- 3 lugë vaj
- 1 deri në 2 lugë piper sichuan
- 2 koka hudhër të qëruara
- 1 qepë e madhe, e prerë në copa
- Anise me 5 yje
- 4 gjethe dafine
- ¼ filxhan pastë fasule pikante
- 1 domate e madhe, e prerë në copa të vogla
- ½ filxhan salcë soje e lehtë
- 1 luge sheqer
- 1 copë e madhe lëvozhgë mandarine të thata
- petë gruri të freskëta ose të thata sipas zgjedhjes suaj
- Qepë e grirë dhe cilantro, për zbukurim

UDHËZIME:

a) Ngrohni vajin në një tenxhere tjetër ose wok të madh mbi nxehtësinë mesatare të ulët dhe shtoni kokrrat e piperit Sichuan, thelpinj hudhër, qepën, aniseun dhe gjethet e dafinës. Gatuani derisa thelpinjtë e hudhrës dhe copat e qepës të fillojnë të zbuten (rreth 5-10 minuta). Përzieni pastën pikante të fasules.

b) Më pas shtoni domatet dhe ziejini për dy minuta. Në fund, përzieni salcën e lehtë të sojës dhe sheqerin. Fikni zjarrin.

c) Tani, le të nxjerrim mishin e viçit, xhenxhefilin dhe qepët nga tenxherja e parë dhe t'i transferojmë në tenxheren e dytë. Më pas, derdhni lëngun përmes një sitë rrjetë të imët. Vendoseni tenxheren në zjarr të fortë dhe shtoni në të lëvozhgën e mandarinës. Mbulojeni dhe lëreni supën të ziejë. Menjëherë ulni zjarrin në zjarr dhe ziejini për 60-90 minuta.

d) Pasi të ziejë, fikeni zjarrin, por mbajeni kapakun dhe lëreni tenxheren të qëndrojë në sobë (me nxehtësinë e fikur) edhe për një orë të plotë që të bashkohen shijet. Baza juaj e supës është gati. Mos harroni të zieni përsëri bazën e supës përpara se ta shërbeni.

83. Supë me pika me vezë të verdhë

PËRBËRËSIT:
- 4 gota lëng pule organike
- ½ lugë çaji vaj susami
- ½ lugë çaji kripë
- Majë sheqer
- Hidhni piper të bardhë
- 5 pika ngjyrues ushqimor të verdhë
- ¼ filxhan niseshte misri të përzier me ½ filxhan ujë
- 3 vezë të rrahura pak
- 1 qepë, e grirë

UDHËZIME:

a) Vendoseni lëngun e pulës të ziejë në një tenxhere me supë mesatare. Hidhni vajin e susamit, kripën, sheqerin dhe piperin e bardhë.

b) Më pas shtoni llumin e niseshtës së misrit

c) Lëreni supën të ziejë për disa minuta, më pas kontrolloni nëse konsistenca është sipas dëshirës tuaj.

d) Hidheni supën në një tas, sipër lyeni qepët e grirë, lyeni sipër me pak vaj susami dhe shërbejeni!

84. Supë e thjeshtë wonton

PËRBËRËSIT:

- 10 ons baby bok choy ose perime të ngjashme jeshile
- 1 filxhan mish derri i bluar
- 2½ lugë vaj susami
- Hidhni piper të bardhë
- 1 lugë gjelle salcë soje të kalitur
- ½ lugë çaji kripë
- 1 lugë gjelle verë Shaoxing
- 1 pako lëkura wonton
- 6 gota lëng pule të mirë
- 1 lugë gjelle vaj susami
- Piper i bardhë dhe kripë për shije
- 1 qepë, e grirë

UDHËZIME:

a) Filloni duke larë mirë perimet. Sillni një tenxhere të madhe me ujë të ziejë dhe zbardhni perimet derisa të thahen. Kullojeni dhe shpëlajeni në ujë të ftohtë. Merrni një tufë të mirë perimesh dhe shtrydhni me kujdes sa më shumë ujë të mundeni. Pritini shumë imët perimet (mund ta shpejtoni procesin edhe duke i hedhur në procesorin e ushqimit).

b) Në një tas mesatar, shtoni perimet e grira hollë, mishin e derrit të bluar, vajin e susamit, piperin e bardhë, salcën e sojës, kripën dhe verën Shaoxing. Përziejini plotësisht derisa përzierja të emulsohet - pothuajse si një pastë.

c) Tani është koha për të mbledhur! Mbushni një tas të vogël me ujë. Kapni një mbështjellës dhe përdorni gishtin për të lagur skajet e mbështjellësit. Shtoni pak më shumë se një lugë çaji mbushje në mes. Palosni mbështjellësin në gjysmë dhe shtypni të dy anët së bashku në mënyrë që të merrni një vulë të fortë.

d) Mbani dy qoshet e poshtme të drejtkëndëshit të vogël që sapo keni bërë dhe bashkojini të dy qoshet. Mund të përdorni pak ujë për t'u siguruar që ato të ngjiten. Dhe kjo eshte! Vazhdoni të montoni derisa të mbarojë e gjithë mbushja. Vendosni wontons në një fletë pjekjeje ose pjatë të veshur me letër pergamene për të parandaluar ngjitjen.

e) Në këtë pikë, mund t'i mbuloni wontonët me mbështjellës plastik, ta vendosni fletën/pjatën e pjekjes në frigorifer dhe t'i transferoni në thasë Ziploc pasi të jenë ngrirë. Ata do të ruhen për disa muaj në frigorifer dhe do të jenë gati për supë wonton sa herë të dëshironi.

f) Për të bërë supën, ngrohni lëngun e pulës në zjarr dhe shtoni vaj susami, piper të bardhë dhe kripë.

g) Sillni një tenxhere të veçantë me ujë të ziejë. Shtoni me kujdes wontons një nga një në tenxhere. Përziejini për të parandaluar ngjitjen e wontons në fund. Nëse ngjiten, mos u shqetësoni, ato duhet të jenë të lira pasi të jenë gatuar. Ata kanë përfunduar kur notojnë. Kujdesuni që të mos i zieni shumë.

h) I heqim wontonët me një lugë të prerë dhe i vendosim në tasa. Hidhni supën mbi wontons dhe zbukurojeni me qepë të grirë. Shërbejeni!

85. Supë me pika veze

PËRBËRËSIT:

- 4 gota lëng pule me pak natrium
- 2 feta xhenxhefil të freskët të qëruar
- 2 thelpinj hudhër, të qëruara
- 2 lugë çaji salcë soje e lehtë
- 2 lugë niseshte misri
- 3 lugë ujë
- 2 vezë të mëdha, të rrahura lehtë
- 1 lugë çaji vaj susami
- 2 qepë, të prera hollë, për zbukurim

UDHËZIME:

a) Në një tenxhere wok ose supë, përzieni lëngun e mishit, xhenxhefilin, hudhrën dhe sojen e lehtë dhe lëreni të ziejë. Zvogëloni zierjen dhe gatuajeni për 5 minuta. Hiqni dhe hidhni xhenxhefilin dhe hudhrën.

b) Në një tas të vogël, përzieni niseshtën e misrit dhe ujin dhe përzieni përzierjen në wok.

c) Ulni zjarrin në një zjarr të ngadaltë. Zhytni një pirun në vezët e rrahura dhe më pas tërhiqeni nëpër supë, duke e trazuar butësisht ndërsa shkoni. Ziejeni supën pa u trazuar për disa çaste që të ziejnë vezët. Hidhni vajin e susamit dhe hidhni supën në tasat për servirje. Zbukuroni me qepë.

86. Oriz i skuqur me vezë

PËRBËRËSIT:
- 5 gota oriz të gatuar
- 5 vezë të mëdha (të ndara)
- 2 lugë ujë
- ¼ lugë çaji paprika
- ¼ lugë çaji shafran i Indisë
- 3 lugë vaj (të ndara)
- 1 qepë mesatare, e grirë hollë
- ½ spec i kuq zile, i grirë imët
- ½ filxhan bizele të ngrira, të shkrira
- 1½ lugë çaji kripë
- ¼ lugë çaji sheqer
- ¼ lugë çaji piper i zi
- 2 qepë, të grira

UDHËZIME:

a) Përdorni një pirun për të fryrë orizin dhe për ta copëtuar atë. Nëse jeni duke përdorur oriz të sapo gatuar, lëreni të qëndrojë në banak pa mbuluar derisa të pushojë së zier para se ta skuqni.

b) Rrihni 3 vezë në një enë. Rrihni 2 vezët e tjera në një enë tjetër, së bashku me 2 lugë ujë, paprikën dhe shafranin e Indisë. Lërini mënjanë këto dy tasa.

c) Nxehni një wok mbi nxehtësinë mesatare të lartë dhe shtoni 2 lugë vaj. Shtoni 3 vezët e rrahura (pa erëza) dhe i përzieni. I hiqni nga wok dhe i lini mënjanë.

d) Ngroheni wok-in në zjarr të lartë dhe shtoni lugën e fundit të vajit. Shtoni qepën e prerë në kubikë dhe piperin. Skuqeni për 1-2 minuta. Më pas, shtoni orizin dhe skuqeni për 2 minuta, duke përdorur një lëvizje për të ngrohur orizin në mënyrë të njëtrajtshme. Përdorni shpatullën tuaj wok për të rrafshuar dhe thyer çdo grumbuj orizi.

e) Më pas, derdhni përzierjen e mbetur të vezëve të paziera dhe erëzave mbi orizin dhe skuqeni për rreth 1 minutë, derisa të gjitha kokrrat e orizit të jenë të veshura me vezë.

f) Shtoni bizelet dhe skuqini vazhdimisht për një minutë tjetër. Më pas lyeni orizin me kripë, sheqer dhe piper të zi dhe përzieni. Tani duhet të shihni pak avull që del nga orizi, që do të thotë se ai nxehet.

87. Oriz klasik i skuqur me mish derri

PËRBËRËSIT:
- 1 lugë gjelle ujë të nxehtë
- 1 lugë çaji mjaltë
- 1 lugë çaji vaj susami
- 1 lugë çaji verë Shaoxing
- 1 lugë gjelle salcë soje
- 1 lugë çaji salcë soje e errët
- ¼ lugë çaji piper i bardhë
- 5 gota oriz të bardhë të gatuar
- 1 luge vaj
- 1 qepë mesatare, e prerë në kubikë
- 1 kile mish derri BBQ kinez, i prerë në copa
- 2 vezë, të fërguara
- ½ filxhan lakër fasule mung
- 2 qepë, të grira

UDHËZIME:
a) Filloni duke kombinuar ujin e nxehtë, mjaltin, vajin e susamit, verën Shaoxing, salcën e sojës, salcën e errët të sojës dhe piperin e bardhë në një tas të vogël.

b) Merrni orizin e gatuar dhe skuqeni me pirun ose me duar.

c) Me wok në zjarr mesatar, shtoni një lugë vaj dhe kaurdisni qepët derisa të jenë të tejdukshme. Përzieni mishin e derrit të pjekur. Shtoni orizin dhe përziejini mirë. Shtoni përzierjen e salcës dhe kripën dhe përziejini me lëvizje rrëshqitëse derisa orizi të mbulohet në mënyrë të barabartë me salcë.

d) Hidhni vezët, lakër fasule mung dhe qepë. Përziejini mirë për një minutë ose dy dhe shërbejeni!

88. Petë të dehur

PËRBËRËSIT:
Për pulën dhe marinadën:
- 2 lugë ujë
- 12 ons kofshët e pulës në feta ose gjoks pule
- 1 lugë çaji salcë soje
- 1 lugë çaji vaj
- 2 lugë çaji niseshte misri

Për pjesën tjetër të pjatës:
- 8 ons petë orizi të thata të gjera, të gatuara
- 1½ lugë çaji sheqer kaf, i tretur në 1 lugë gjelle ujë të nxehtë
- 2 lugë çaji salcë soje
- 1 lugë çaji salcë soje e errët
- 1 lugë gjelle salcë peshku
- 2 lugë çaji salcë goca deti
- majë piper të bardhë të bluar
- 3 lugë gjelle vaj vegjetal ose kanola (të ndara)
- 3 thelpinj hudhër, të prera në feta
- ¼ lugë çaji xhenxhefil të freskët të grirë
- 2 qepe, të prera në feta (rreth ⅓ gota)
- 1 qepë qepë, e grirë në copa 3 inç
- 4 speca djegës të kuq tajlandez, të pastruara dhe të grira
- 1 filxhan borzilok i shenjtë i paketuar lirshëm ose borzilok tajlandez
- 5 deri në 6 copa misri bebe, të ndara në gjysmë (opsionale)
- 2 lugë çaji verë Shaoxing

UDHËZIME:
a) Punoni 2 lugët ujë në pulën e prerë me duar derisa pula të thithë lëngun. Shtoni salcën e sojës, vajin, niseshtën e misrit dhe përziejini derisa pula të mbulohet në mënyrë të barabartë. Lëreni mënjanë për 20 minuta.

b) Përziejini së bashku përzierjen e sheqerit kaf të tretur, salcat e sojës, salcën e peshkut, salcën e gocave të detit dhe piperin e bardhë në një tas të vogël dhe lërini mënjanë.

c) Ngrohni wok-un tuaj derisa të jetë afër pirjes së duhanit dhe shpërndani 2 lugë vaj rreth perimetrit të wok-ut. Shtoni pulën dhe lëreni të ziejë për 1 minutë nga secila anë derisa të jetë gati 90%. Hiqeni nga wok dhe lëreni mënjanë. Nëse nxehtësia ishte mjaft e lartë dhe e keni skuqur mishin siç duhet, wok-i juaj duhet të jetë ende i pastër pa asgjë të ngjitur në të. Nëse jo, mund ta lani wok-un për të parandaluar ngjitjen e petëve të orizit.

d) Vazhdoni me wok në zjarr të fortë dhe shtoni 1 lugë vaj, së bashku me hudhrën dhe xhenxhefilin e grirë.

e) Pas disa sekondash shtoni qepujt. Skuqeni për 20 sekonda dhe shtoni qepët, specat djegës, borzilokun, misrin bebe dhe verën Shaoxing. Skuqeni për 20 sekonda të tjera dhe shtoni petët e orizit. Përdorni një lëvizje për të përzier gjithçka për një minutë tjetër derisa petët të ngrohen.

f) Më pas, shtoni masën e përgatitur të salcës dhe skuqeni në temperaturën më të lartë për rreth 1 minutë derisa petët të kenë ngjyrë të njëtrajtshme. Kujdesuni që të përdorni shpatullën tuaj metalike për të kruar pjesën e poshtme të wok-ut për të parandaluar ngjitjen.

g) Shtoni pulën e skuqur dhe skuqeni për 1 deri në 2 minuta të tjera. Shërbejeni!

89. Sichuan dhe petë

PËRBËRËSIT:
PËR VAJIN E specit djegës:
- 2 lugë piper Sichuan-kokërra
- Një copë kanellë e gjatë 1 inç
- Anise me 2 yje
- 1 filxhan vaj
- ¼ filxhan thekon spec të kuq të grimcuar

PËR MISHIN DHE SUI MI YA CAI:
- 3 lugë çaji vaj (të ndara)
- 8 ons mish derri të bluar
- 2 lugë çaji salcë fasule të ëmbël ose salcë hoisin
- 2 lugë çaji verë Shaoxing
- 1 lugë çaji salcë soje e errët
- ½ lugë çaji pluhur me pesë erëza
- ⅓ filxhan sui mi Ya cai

PËR salcë:
- 2 lugë pastë susami (tahini)
- 3 lugë salcë soje
- 2 lugë çaji sheqer
- ¼ lugë çaji pluhur me pesë erëza
- ½ lugë çaji pluhur piper sichuan
- ½ filxhan me vaj djegës të përgatitur
- 2 thelpinj hudhra, te grira shume holle
- ¼ filxhan ujë të nxehtë gatimi nga petët

PËR PETËT DHE PERIMET:
- 1 kile petë të bardha të freskëta ose të thata, me trashësi mesatare
- 1 tufë e vogël zarzavate me gjethe (spinaq, bok choy ose choy sum)

PËR TË MBLEDHUR:
- kikirikë të copëtuar (opsionale)
- qepë e copëtuar

UDHËZIME:

a) Për të bërë përzierjen e mishit: Në një wok, ngrohni një lugë çaji vaj në nxehtësi mesatare dhe skuqni mishin e derrit të bluar. Shtoni salcën e fasules së ëmbël, verën Shaoxing, salcën e errët të sojës dhe pluhurin e pesë erëzave. Gatuani derisa të avullojë i gjithë lëngu. Le menjane. Ngrohni 2 lugët e tjera me vaj në wok mbi nxehtësinë mesatare dhe kaurdisni sui mi ya cai (perimet turshi) për disa minuta. Le menjane.

b) Për të bërë salcën: Përziejini së bashku të gjithë përbërësit e salcës. Shijoni dhe rregulloni erëzat nëse dëshironi. Mund ta lironi me më shumë ujë të nxehtë, shtoni më shumë piper pluhur sichuan.

c) Për të përgatitur petët dhe perimet: Gatuani petët sipas udhëzimeve të paketimit dhe kullojini. Zbardhni zarzavatet në ujin e petës dhe kullojini.

d) Ndani salcën në katër tasa, të ndjekur nga petët dhe zarzavatet me gjethe. Sipër shtoni mishin e derrit të gatuar dhe sui mi ya cai. Spërkateni me kikirikë të grirë (sipas dëshirës) dhe qepë.

e) Përziejini gjithçka së bashku dhe shijoni!

90. Supë e nxehtë dhe e thartë

PËRBËRËSIT:

- 4 ons ijë derri pa kocka, i prerë në shirita ¼ inç të trashë
- 1 lugë gjelle salcë soje të errët
- 4 kërpudha të thata shiitake
- 8 kërpudha veshësh të thata
- 1½ lugë gjelle niseshte misri
- ¼ filxhan uthull orizi të pa erëza
- 2 lugë salcë soje e lehtë
- 2 lugë çaji sheqer
- 1 lugë çaji vaj djegës
- 1 lugë çaji piper i bardhë i bluar
- 2 lugë vaj vegjetal
- 1 fetë xhenxhefil të freskët të qëruar, përafërsisht sa një çerek
- Kripë Kosher
- 4 gota lëng pule me pak natrium
- 4 ons tofu të fortë, të shpëlarë dhe të prerë në shirita ¼ inç
- 1 vezë e madhe, e rrahur lehtë
- 2 qepë, të prera hollë, për zbukurim

UDHËZIME:

a) Në një tas, hidhni mishin e derrit dhe sojën e errët për tu veshur. Le menjane.

b) Vendosini të dyja kërpudhat në një enë rezistente ndaj nxehtësisë dhe mbulojini me ujë të valë. Thithni kërpudhat derisa të zbuten, rreth 20 minuta. Hidhni ¼ filxhan me ujë të kërpudhave në një gotë matëse dhe lëreni mënjanë. Kullojeni dhe hidhni pjesën tjetër të lëngut. Pritini hollë kërpudhat shiitake dhe pritini kërpudhat e veshëve të pemës në copa sa kafshatë. Kthejini të dyja kërpudhat në enën e njomjes dhe lërini mënjanë.

c) Përzieni niseshtenë e misrit në lëngun e rezervuar të kërpudhave derisa niseshteja e misrit të tretet. Përzieni uthullën, sojen e lehtë, sheqerin, vajin djegës dhe piperin e bardhë derisa sheqeri të tretet. Le menjane.

d) Nxehni një wok mbi nxehtësinë mesatare-të lartë derisa një pikë uji të ziejë dhe të avullojë në kontakt. Hidhni vajin vegjetal dhe rrotullojeni për të mbuluar bazën e wok-ut. Rregulloni vajin duke shtuar xhenxhefilin dhe pak kripë. Lëreni xhenxhefilin të ziejë në vaj për rreth 30 sekonda, duke e rrotulluar butësisht.

e) Transferoni mishin e derrit në wok dhe skuqeni për rreth 3 minuta, derisa mishi i derrit të mos jetë më rozë. Hiqni xhenxhefilin dhe hidheni. Shtoni lëngun dhe lëreni të ziejë. Zvogëloni në zjarr të ngadaltë dhe përzieni kërpudhat. Hidhni tofu dhe ziejini për 2 minuta. Hidhni përzierjen me niseshte misri dhe kthejeni zjarrin në temperaturë mesatare, duke e përzier derisa supa të trashet, rreth 30 sekonda. Ulni zjarrin në një zjarr të ngadaltë.

f) Zhytni një pirun në vezën e rrahur dhe më pas tërhiqeni nëpër supë, duke e trazuar butësisht ndërsa shkoni.

91. Mish derri

PËRBËRËSIT:
- 10 gota ujë
- ¾ filxhan oriz jasemini, i shpëlarë dhe i kulluar
- 1 lugë çaji kripë kosher
- 2 lugë çaji xhenxhefil të freskët të grirë të qëruar
- 2 thelpinj hudhre, te grira
- 1 lugë gjelle salcë soje e lehtë, plus më shumë për servirje
- 2 lugë çaji verë orizi Shaoxing
- 2 lugë çaji niseshte misri
- 6 ons mish derri të bluar
- 2 lugë vaj vegjetal
- Perime kineze turshi, të prera hollë, për servirje (opsionale)
- Vaji i qepës dhe xhenxhefilit, për servirje (opsionale)
- Vaj djegës i skuqur, për servirje (opsionale)
- Vaji i susamit, për servirje (opsionale)

UDHËZIME:

a) Në një tenxhere me fund të rëndë, vendosni ujin të vlojë. Hidhni orizin dhe kripën dhe zvogëloni zjarrin në zjarr të ngadaltë. Mbulojeni dhe gatuajeni, duke e përzier herë pas here, për rreth 1 orë e gjysmë, derisa orizi të ketë marrë një konsistencë të butë si qull.

b) Ndërsa kongeja është duke u gatuar, në një tas mesatar, përzieni së bashku xhenxhefilin, hudhrën, sojën e lehtë, verën e orizit dhe niseshtenë e misrit. Shtoni mishin e derrit dhe lëreni të marinohet për 15 minuta.

c) Nxehni një wok mbi nxehtësinë mesatare-të lartë derisa një pikë uji të ziejë dhe të avullojë në kontakt. Hidhni vajin vegjetal dhe rrotullojeni për të mbuluar bazën e wok-ut. Shtoni mishin e derrit dhe skuqeni, duke e hedhur dhe copëtuar mishin, rreth 2 minuta.

d) Gatuani për 1 deri në 2 minuta të tjera pa e përzier për të marrë pak karamelizimin.

e) Shërbejeni kongenë në tas supë të mbushur me mish derri të skuqur. Zbukuroni me mbushjet e preferuara.

92. Oriz i skuqur me karkaleca, vezë dhe qepë

PËRBËRËSIT:
- 2 lugë vaj vegjetal
- Kripë Kosher
- 1 vezë e madhe, e rrahur
- ½ kile karkaleca (çfarëdo madhësie), të qëruara, të shpuara dhe të prera në copa të madhësisë së kafshatës
- 1 lugë çaji xhenxhefil të freskët të qëruar i grirë imët
- 2 thelpinj hudhre, te grira holle
- ½ filxhan bizele dhe karrota të ngrira
- 2 qepë, të prera hollë, të ndara
- 3 gota oriz të gatuar të ftohtë
- 3 lugë gjalpë pa kripë
- 1 lugë gjelle salcë soje e lehtë
- 1 lugë gjelle vaj susami

UDHËZIME:

a) Nxehni një wok mbi nxehtësinë mesatare-të lartë derisa një pikë uji të ziejë dhe të avullojë në kontakt. Hidhni vajin vegjetal dhe rrotullojeni për të mbuluar bazën e wok-ut. Rregulloni vajin duke shtuar një majë të vogël kripë. Shtoni vezën dhe përzieni shpejt.

b) Shtyjeni vezën në anët e wok-ut për të krijuar një unazë qendrore dhe shtoni së bashku karkalecat, xhenxhefilin dhe hudhrën. Skuqini karkalecat me një majë të vogël kripë për 2 deri në 3 minuta, derisa të bëhen të errëta dhe rozë. Shtoni bizelet dhe karotat dhe gjysmën e qepëve dhe skuqini për një minutë tjetër.

c) Shtoni orizin, duke copëtuar çdo gunga të madhe, dhe hidheni dhe rrokullisni për të kombinuar të gjithë përbërësit. Skuqeni për 1 minutë, më pas shtyjeni të gjithë në anët e wok-ut, duke lënë një pus në fund të wok-ut.

d) Shtoni gjalpin dhe sojën e lehtë, lëreni gjalpin të shkrihet dhe të flluskojë, më pas përzieni gjithçka së bashku për t'u veshur, rreth 30 sekonda.

e) Përhapeni orizin e skuqur në një shtresë të barabartë në wok dhe lëreni orizin të qëndrojë kundër wok-ut për rreth 2 minuta që të skuqet pak. Spërkateni me vaj susami dhe rregullojini me një majë të vogël kripë. Transferoni në një pjatë dhe shërbejeni menjëherë, duke e zbukuruar me pjesën tjetër të qepëve.

93. Oriz i skuqur me troftë të tymosur

PËRBËRËSIT:

- 2 vezë të mëdha
- 1 lugë çaji vaj susami
- Kripë Kosher
- Piper i bardhë i bluar
- 1 lugë gjelle salcë soje e lehtë
- ½ lugë çaji sheqer
- 3 lugë ghee ose vaj vegjetal, të ndara
- 1 lugë çaji xhenxhefil të freskët të qëruar i grirë imët
- 2 thelpinj hudhre, te grira holle
- 3 gota oriz të gatuar të ftohtë
- 4 ons troftë e tymosur, e thyer në copa të madhësisë së kafshatës
- ½ filxhan zemra të prera hollë me marule rome
- 2 qepë, të prera hollë
- ½ lugë çaji fara susami të bardhë

UDHËZIME:

a) Në një tas të madh, rrihni vezët me vajin e susamit dhe pak kripë dhe piper të bardhë derisa të kombinohen. Në një tas të vogël, përzieni sojen e lehtë dhe sheqerin së bashku për të tretur sheqerin. Le menjane.

b) Nxehni një wok mbi nxehtësinë mesatare-të lartë derisa një pikë uji të ziejë dhe të avullojë në kontakt. Hidhni 1 lugë gjelle ghee dhe rrotullojeni për të mbuluar bazën e wok-ut. Shtoni përzierjen e vezëve dhe, duke përdorur një shpatull rezistente ndaj nxehtësisë, rrotulloni dhe tundni vezët që të gatuhen. Transferoni vezët në një pjatë sapo të jenë gatuar por jo të thata.

c) Shtoni 2 lugët e mbetura të ghee në wok, së bashku me xhenxhefilin dhe hudhrën. Skuqeni shpejt derisa hudhra dhe xhenxhefili të bëhen aromatike, por kujdesuni që të mos digjen. Shtoni përzierjen e orizit dhe sojës dhe përzieni që të kombinohen. Vazhdoni tiganisjen, rreth 3 minuta. Shtoni troftën dhe vezën e zier dhe skuqini për t'i copëtuar, rreth 20 sekonda. Shtoni marulen dhe qepët dhe i përzieni derisa të marrin ngjyrë jeshile të ndezur.

d) Transferoni në një pjatë servirjeje dhe spërkatni me farat e susamit.

94. Rajs i skuqur me spam

PËRBËRËSIT:

- 1 lugë gjelle vaj vegjetal
- 2 feta xhenxhefil të freskët të qëruar
- Kripë Kosher
- 1 (12 ons) kanaçe me postë të bezdisshme, e prerë në kube ½ inç
- ½ qepë e bardhë, e prerë në kube ¼ inç
- 2 thelpinj hudhre, te grira holle
- ½ filxhan bizele dhe karrota të ngrira
- 2 qepë, të prera hollë, të ndara
- 3 gota oriz të gatuar të ftohtë
- ½ filxhan copa ananasi të konservuara, lëngje të rezervuara
- 3 lugë gjalpë pa kripë
- 2 lugë salcë soje e lehtë
- 1 lugë çaji sriracha
- 1 lugë çaji sheqer kafe të hapur
- 1 lugë gjelle vaj susami

UDHËZIME:

a) Nxehni një wok mbi nxehtësinë mesatare-të lartë derisa një pikë uji të ziejë dhe të avullojë në kontakt. Hidhni vajin vegjetal dhe rrotullojeni për të mbuluar bazën e wok-ut. Rregulloni vajin duke shtuar xhenxhefilin dhe një majë të vogël kripë. Lëreni xhenxhefilin të ziejë në vaj për rreth 30 sekonda, duke e rrotulluar butësisht.

b) Shtoni Spam-in e prerë në kubikë dhe shpërndajeni në mënyrë të barabartë në pjesën e poshtme të wok-ut. Lëreni postën e bezdisshme të thahet përpara se të hidhet dhe rrokulliset. Vazhdoni të përzieni Spam-in për 5 deri në 6 minuta, derisa të marrë ngjyrë të artë dhe krokante nga të gjitha anët.

c) Shtoni qepën dhe hudhrën dhe skuqini për rreth 2 minuta, derisa qepa të fillojë të duket e tejdukshme. Shtoni bizelet dhe karotat dhe gjysmën e qepëve. Skuqeni për një minutë tjetër.

d) Hidhni në të orizin dhe ananasin, duke copëtuar çdo grumbuj të mëdhenj orizi, dhe hidheni dhe rrotullojeni për të kombinuar të gjithë përbërësit. Skuqeni për 1 minutë, më pas shtyjeni të gjithë në anët e wok-ut, duke lënë një pus në fund të wok-ut.

e) Shtoni gjalpin, lëngun e rezervuar të ananasit, sojen e lehtë, sriracha dhe sheqerin kaf. E trazojmë që të tretet sheqeri dhe e vendosim salcën të vlojë, më pas e gatuajmë për rreth një minutë që salca të pakësohet dhe të trashet pak. Kombinoni gjithçka për të veshur, rreth 30 sekonda.

f) Përhapeni orizin e skuqur në një shtresë të barabartë në wok dhe lëreni orizin të qëndrojë kundër wok-it që të skuqet pak, rreth 2 minuta. Hiqni xhenxhefilin dhe hidheni. Spërkateni me vaj susami dhe rregullojini me një majë të vogël kripë. Transferoni në një pjatë dhe zbukurojeni me qepët e mbetura. Shërbejeni menjëherë.

95. Oriz i zier në avull me Lap Cheung dhe Bok Choy

PËRBËRËSIT:
- 1½ filxhan oriz jasemini
- Lidhje Cheung (suxhuk kinez) me 4 xhiro ose chorizo spanjolle
- 4 koka baby bok choy, secila e prerë në 6 feta
- ¼ filxhan vaj vegjetal
- 1 qepe e vogël, e prerë në feta hollë
- Copë 1 inç xhenxhefil të freskët, të qëruar dhe të grirë hollë
- 1 thelpi hudhër të qëruar dhe të grirë hollë
- 2 lugë çaji salcë soje e lehtë
- 1 lugë gjelle salcë soje të errët
- 2 lugë çaji verë orizi Shaoxing
- 1 lugë çaji vaj susami
- Sheqeri

UDHËZIME:

a) Në një tas, shpëlajeni dhe shpërlajeni orizin 3 ose 4 herë nën ujë të ftohtë, duke e zhvendosur orizin në ujë për të shpëlarë niseshtenë. Mbuloni orizin me ujë të ftohtë dhe ziejini për 2 orë. Kullojeni orizin përmes një sitë me rrjetë të imët.

b) Shpëlajini dy kosha të avullit me bambu dhe kapakët e tyre nën ujë të ftohtë dhe vendosni një kosh në wok. Hidhni 2 inç ujë, ose aq sa niveli i ujit të vijë mbi buzën e poshtme të avullit me ¼ deri në ½ inç, por jo aq i lartë sa uji të prekë fundin e avullit.

c) Rreshtoni një pjatë me një copë napë dhe shtoni gjysmën e orizit të njomur në pjatë. Sipër vendosni 2 salsiçe dhe gjysmën e bok choy-t dhe lidhni lirshëm napë në mënyrë që të ketë hapësirë të mjaftueshme rreth orizit në mënyrë që të zgjerohet. Vendoseni pjatën në koshin e avullit. Përsëriteni procesin me një pjatë tjetër, më shumë napë dhe salsiçen dhe bok choy-n e mbetur në koshin e dytë të avullit, më pas vendoseni mbi të parën dhe mbulojeni.

d) Kthejeni nxehtësinë në mesatare-të lartë dhe lëreni ujin të vlojë. Ziejini orizin në avull për 20 minuta, duke kontrolluar shpesh nivelin e ujit dhe duke shtuar më shumë sipas nevojës.

e) Ndërsa orizi ziejë në avull, në një tenxhere të vogël, ngrohni vajin vegjetal në nxehtësi mesatare derisa të fillojë të pijë duhan. Fikni zjarrin dhe shtoni qepën, xhenxhefilin dhe hudhrën. Përziejini së bashku dhe shtoni sojën e lehtë, sojën e errët, verën e orizit, vajin e susamit dhe një majë sheqeri. Lëreni mënjanë të ftohet.

f) Kur orizi të jetë gati, zgjidhim me kujdes petkun dhe vendosim orizin dhe bok choy-n në një pjatë. Pritini salsiçet në feta diagonale dhe vendosini sipër orizin. Shërbejeni me vaj soje me xhenxhefil anash.

96. Supë me petë viçi

PËRBËRËSIT:
- ¾ kile majë fileto viçi, të prera hollë nëpër kokërr
- 2 lugë çaji sodë buke
- 4 lugë gjelle verë orizi Shaoxing, e ndarë
- 4 lugë salcë soje të lehta, të ndara
- 2 lugë çaji niseshte misri, të ndara
- 1 lugë çaji sheqer
- Piper i zi i sapo bluar
- 3 lugë vaj vegjetal, të ndarë
- 2 lugë çaji pluhur kinez me pesë erëza
- 4 feta xhenxhefil të freskët të qëruar
- 2 thelpinj hudhër, të qëruara dhe të grira
- 4 gota lëng mishi
- ½ kile petë të thata kineze (çdo lloj)
- 2 koka baby bok choy, të katërta
- 1 lugë gjelle vaj qepë-xhinxheri

UDHËZIME:

a) Në një tas të vogël, hidhni mishin me sodën e bukës dhe lëreni të qëndrojë për 5 minuta. Shpëlajeni viçin dhe thajeni me peshqir letre.

b) Në një enë tjetër hidhni mishin e viçit me verë orizi, sojë të lehtë, niseshte misri, sheqer, kripë dhe piper. Marinoj.

c) Në një gotë matëse, përzieni 3 lugët e mbetura të verës së orizit, 3 lugë gjelle soje të lehta dhe 1 lugë çaji niseshte misri dhe lërini mënjanë.

d) Nxehni një wok mbi nxehtësinë mesatare-të lartë derisa një pikë uji të ziejë dhe të avullojë në kontakt. Hidhni në të 2 lugë vaj vegjetal dhe rrotullojeni për të mbuluar bazën e wok-ut. Shtoni mishin e viçit dhe pluhurin e pesë erëzave dhe gatuajeni për 3 deri në 4 minuta, duke i hedhur herë pas here, derisa të skuqen pak. Transferoni mishin në një tas të pastër dhe lëreni mënjanë.

e) Fshijeni wok-un dhe kthejeni në nxehtësi mesatare. Shtoni 1 lugë gjelle të mbetur vaj vegjetal dhe rrotullojeni për të mbuluar bazën e wok-ut. Shtoni xhenxhefilin, hudhrën dhe një majë kripë për të shijuar vajin. Lëreni xhenxhefilin dhe hudhrën të ziejnë në vaj për rreth 10 sekonda, duke i rrotulluar butësisht.

f) Hidhni përzierjen e salcës së sojës dhe lëreni të ziejë. Hidheni lëngun dhe kthejeni në valë. Zvogëloni zierjen dhe kthejeni viçin në wok. Ziejini për 10 minuta.

g) Ndërkohë, vendosim një tenxhere të madhe me ujë të ziejë në zjarr të fortë. Shtoni petët dhe gatuajeni sipas udhëzimeve të paketës. Duke përdorur një skarë wok, hiqni petët dhe kullojini. Shtoni bok choy-n në ujin e vluar dhe gatuajeni për 2 deri në 3 minuta, derisa të jesh i ndezur dhe i butë. Hiqeni bok choy-n dhe vendoseni në një tas. Duke përdorur darë, hidhni petët me vajin e qepës dhe xhenxhefilit për t'u lyer. Ndani petët dhe bok choy në tas supë.

97. Petë me hudhër

PËRBËRËSIT:

- ½ kile petë me vezë të freskëta kineze, të gatuara
- 2 lugë vaj susami, të ndara
- 2 lugë sheqer kafe të hapur
- 2 lugë salcë perle
- 1 lugë gjelle salcë soje e lehtë
- ½ lugë çaji piper i bardhë i bluar
- 6 lugë gjalpë pa kripë
- 8 thelpinj hudhre, te grira holle
- 6 qepë, të prera hollë

UDHËZIME:

a) I lyeni petët me 1 lugë gjelle vaj susami dhe i hidhni të lyhen. Le menjane.

b) Në një tas të vogël, përzieni së bashku sheqerin kaf, salcën e gocave deti, sojen e lehtë dhe piperin e bardhë. Le menjane.

c) Nxehni një wok mbi nxehtësinë mesatare dhe të lartë dhe shkrini gjalpin. Shtoni hudhrën dhe gjysmën e qepëve. Skuqeni për 30 sekonda.

d) Hidhni salcën dhe përzieni me gjalpin dhe hudhrën. E vendosim salcën të ziejë dhe shtojmë petët. I hedhim petët të lyhen me salcë derisa të nxehen.

98. Petë Singapori

PËRBËRËSIT:

- ½ kile petë vermiçeli të thatë orizi
- ½ kile karkaleca të mesme, të qëruara dhe të deveinuara
- 3 lugë vaj kokosi, të ndara
- Kripë Kosher
- 1 qepë e bardhë e vogël, e prerë hollë në rripa
- ½ piper zile jeshile, i prerë në shirita të hollë
- ½ spec i kuq zile, i prerë në shirita të hollë
- 2 thelpinj hudhre, te grira holle
- 1 filxhan bizele të ngrira, të shkrira
- ½ kile derri i pjekur kinez, i prerë në shirita të hollë
- 2 lugë çaji pluhur kerri
- Piper i zi i sapo bluar
- Lëng nga 1 lime
- 8 deri në 10 degë të freskëta cilantro

UDHËZIME:

a) Sillni një tenxhere të madhe me ujë të ziejë në zjarr të fortë. Fikim zjarrin dhe shtojmë petët. Ziejini për 4 deri në 5 minuta, derisa petët të jenë të errëta. Kulloni me kujdes petët në një kullesë. Lajini petët me ujë të ftohtë dhe lërini mënjanë.

b) Në një tas të vogël, rregulloni karkalecat me salcën e peshkut (nëse përdorni) dhe lërini mënjanë për 5 minuta. Nëse nuk dëshironi të përdorni salcën e peshkut, përdorni një majë kripë për të shijuar karkalecat.

c) Nxehni një wok mbi nxehtësinë mesatare-të lartë derisa një pikë uji të ziejë dhe të avullojë në kontakt. Hidhni 2 lugë vaj kokosi dhe rrotullojeni për të mbuluar bazën e wok-ut. Rregulloni vajin duke shtuar një majë të vogël kripë. Shtoni karkalecat dhe skuqini për 3 deri në 4 minuta, ose derisa karkalecat të marrin ngjyrë rozë. Transferoni në një tas të pastër dhe lëreni mënjanë.

d) Shtoni 1 lugë gjelle të mbetur me vaj kokosi dhe rrotullojeni për të mbuluar wok. Skuqini qepën, specat dhe hudhrën për 3 deri në 4 minuta, derisa qepët dhe specat të jenë të buta. Shtoni bizelet dhe skuqini derisa të nxehen, rreth një minutë tjetër.

e) Shtoni mishin e derrit dhe ktheni karkalecat në wok. I hedhim së bashku me pluhurin e karrit dhe i rregullojmë me kripë dhe piper. Shtoni petët dhe hidhini të bashkohen. Petët do të marrin një ngjyrë të verdhë të artë shkëlqyese ndërsa vazhdoni t'i hidhni butësisht me përbërësit e tjerë. Vazhdoni ti skuqni dhe hidhni për rreth 2 minuta, derisa petët të nxehen.

f) Transferoni petët në një pjatë, spërkatni me lëng lime dhe zbukurojeni me cilantro. Shërbejeni menjëherë.

99. Petë qelqi me lakër Napa

PËRBËRËSIT:
- ½ kile petë me patate të ëmbla të thata ose petë me fasule mung
- 2 lugë salcë soje e lehtë
- 2 lugë çaji salcë soje të errët
- 1 lugë gjelle salcë gocë deti
- 1 lugë çaji sheqer
- 2 lugë vaj vegjetal
- 2 feta xhenxhefil të freskët të qëruar
- Kripë Kosher
- 1 lugë çaji piper sichuan
- 1 lakër napa me kokë të vogël, të prerë në copa të vogla
- ½ kile fasule jeshile, të prera dhe të përgjysmuara
- 3 qepë, të grira trashë

UDHËZIME:

a) Në një tas të madh, zbutni petët duke i zhytur në ujë të nxehtë për 10 minuta, ose derisa të zbuten. Kulloni me kujdes petët në një kullesë. Shpëlajeni me ujë të ftohtë dhe lëreni mënjanë.

b) Në një tas të vogël, përzieni së bashku sojën e lehtë, sojën e errët, salcën e gocave të detit dhe sheqerin. Le menjane.

c) Nxehni një wok mbi nxehtësinë mesatare-të lartë derisa një pikë uji të ziejë dhe të avullojë në kontakt. Hidhni vajin dhe rrotullojeni për të mbuluar bazën e wok-ut. Rregulloni vajin duke shtuar xhenxhefilin, një majë të vogël kripë dhe kokrrat e piperit Sichuan. Lëreni xhenxhefilin të ziejë në vaj për rreth 30 sekonda, duke e rrotulluar butësisht. Hiqni kokrrat e xhenxhefilit dhe piperit dhe hidhini.

d) Shtoni lakrën napa dhe bishtajat në wok dhe skuqini, duke i hedhur dhe rrotulluar për 3 deri në 4 minuta, derisa perimet të jenë tharë. Hidhni salcën dhe hidheni të bashkohet.

e) Shtoni petët dhe hidhini të bashkohen me salcën dhe perimet. Mbulojeni dhe ulni nxehtësinë në mesatare. Gatuani për 2 deri në 3 minuta, ose derisa petët të bëhen transparente dhe bishtajat të zbuten.

f) Rritni nxehtësinë në mesatare-të lartë dhe zbuloni wok-un. Skuqeni, duke i hedhur dhe duke u grirë për 1 deri në 2 minuta të tjera, derisa salca të trashet pak. Transferoni në një pjatë dhe zbukurojeni me qepë. Shërbejeni të nxehtë.

100. Petë Hakka

PËRBËRËSIT:

- ¾ kile petë të freskëta me bazë miell
- 3 lugë vaj susami, të ndara
- 2 lugë salcë soje e lehtë
- 1 lugë gjelle uthull orizi
- 2 lugë çaji sheqer kafe të hapur
- 1 lugë çaji sriracha
- 1 lugë çaji vaj djegës
- Kripë Kosher
- Piper i bardhë i bluar
- 2 lugë vaj vegjetal
- 1 lugë gjelle xhenxhefil të freskët të qëruar i grirë imët
- ½ kokë lakër jeshile, e grirë
- ½ spec i kuq zile, i prerë në rripa të hollë
- ½ qepë e kuqe, e prerë në rripa të hollë vertikal
- 1 karotë e madhe, e qëruar dhe e prerë
- 2 thelpinj hudhre, te grira holle
- 4 qepë, të prera hollë

UDHËZIME:

a) Vërini një tenxhere me ujë të ziejë dhe gatuajini petët sipas udhëzimeve të paketimit. Kullojini, shpëlajeni dhe hidhini me 2 lugë vaj susami. Le menjane.

b) Në një tas të vogël, përzieni së bashku sojen e lehtë, uthullën e orizit, sheqerin kaf, sriracha, vajin djegës dhe një majë kripë dhe piper të bardhë. Le menjane.

c) Nxehni një wok mbi nxehtësinë mesatare-të lartë derisa një pikë uji të ziejë dhe të avullojë në kontakt. Hidhni vajin vegjetal dhe rrotullojeni për të mbuluar bazën e wok-ut. Rregulloni vajin duke shtuar xhenxhefilin dhe një majë të vogël kripë. Lëreni xhenxhefilin të ziejë në vaj për rreth 10 sekonda, duke e rrotulluar butësisht.

d) Shtoni lakrën, specin zile, qepën dhe karotën dhe skuqni për 4 deri në 5 minuta, ose derisa perimet të jenë të buta dhe qepa të fillojë të karamelizohet pak. Shtoni hudhrën dhe skuqeni derisa të marrë aromë, rreth 30 sekonda më shumë. Përzieni përzierjen e salcës dhe lëreni të vlojë. Ulni nxehtësinë në mesatare dhe ziejini salcën për 1 deri në 2 minuta. Shtoni qepët dhe i hidhni për t'u kombinuar.

e) Shtoni petët dhe hidhini të bashkohen. Rritni nxehtësinë në mesatare në të lartë dhe skuqeni për 1 deri në 2 minuta për të ngrohur petët. Transferoni në një pjatë, spërkatni me 1 lugë gjelle vaj susami të mbetur dhe shërbejeni të nxehtë.

PËRFUNDIM

Furnizimi në shtëpi nuk është thjesht një libër gatimi, por një udhëtim nëpër botën e larmishme dhe plot shije të kuzhinës kineze. Me 100 recetat e tij të mrekullueshme, secila e shoqëruar nga një imazh me ngjyra të bukura, ky libër gatimi ofron frymëzim dhe udhëzim për të përsëritur pjatat tuaja të preferuara kineze në shtëpi.

Ndërsa eksploroni recetat e ndryshme, do të zbuloni sekretet pas shijeve të guximshme dhe komplekse të kuzhinës kineze. Ju gjithashtu do të mësoni se si të përdorni përbërësit dhe teknikat tradicionale kineze për të ngritur gatimin tuaj në shtëpi në një nivel tjetër.

Në momentin që të arrini në fund të këtij libri gatimi, do të keni fituar një vlerësim të ri për artin e gatimit kinez dhe mundësitë e pafundme që ai paraqet. Pavarësisht nëse jeni duke kërkuar t'i bëni përshtypje mysafirëve tuaj të darkës ose thjesht të shijoni një vakt të shijshëm me familjen tuaj, Takeout në Shtëpi do të bëhet një burim i vlefshëm që do t'i ktheheni herë pas here

Ingram Content Group UK Ltd.
Milton Keynes UK
UKHW021149220623
423869UK00009B/46